지식을 다루는 직업 I

교사

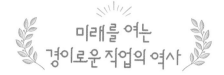

미래를 여는
경이로운 직업의 역사

지식을
다루는
직업 I
교사

박민규 지음

빈빈
册방

내가 정말로 원하는 직업은 무엇일까?

'선생님'이 되어 아이들을 가르치고 싶은 사람도 있고, '의사'가 되어 아픈 사람을 치료해 주고 싶은 사람도 있고, '경찰관'이 되어 범죄를 저지른 사람을 잡고 사람들을 돕고 싶은 사람도 있을 것입니다. 선생님, 의사, 경찰관이 '된다'는 것은 바로 선생님, 의사, 경찰관이라는 '직업을 가진다'는 의미입니다.

우리는 저마다 자신의 희망, 적성, 능력에 따라 직업을 가집니다. 직업이란 사람이 경제적 보상을 받으면서 자발적으로 하는 지속적인 활동입니다. 직업을 가지게 되면 기본적인 경제생활을 할 수 있는 소득을 얻고, 사회발전에 이바지할 수도 있고, 무엇보다도 자기가 가지고 있는 꿈을 실현할 수 있습니다. 그래서 한 사람이 살아가기 위해서는 '직업'을 가지는 것이 매우 중요합니다.

직업을 가지려면 먼저 그 직업이 하는 일은 무엇이며, 그 일을 잘하기 위해서는 어떤 능력이 필요하고, 사회에서 하는 역할이 무엇인지

아는 것이 중요합니다. 그래야 자신의 꿈을 이룰 수 있는 직업을 선택하고, 그 직업에 필요한 능력을 미리 갖출 수 있기 때문입니다.

2021년 기준 한국에는 약 1만 7천여 개의 직업이 있고, 해마다 새로운 직업이 생겨나고 있습니다. 수많은 직업 중에서도 특히 많은 사람들이 관심을 갖는 직업들이 있답니다. 우리는 이 직업들이 처음에 어떻게 생겨났고, 시대의 변화에 따라 바뀐 점과 바뀌지 않은 점이 무엇인지 살펴볼 것입니다. 달라진 점을 살펴보면 그 직업이 앞으로 어떻게 변해갈지를 예측해 볼 수 있습니다. 또한, 달라지지 않은 점을 바탕으로 그 직업의 진정한 의미와 가치를 찾아낼 수 있을 것입니다.

이 책이 여러분에게 '내가 정말로 원하는 직업이 무엇인지' 생각해 보고, 미래를 준비하는 데 도움이 되기를 바랍니다.

인류가 쌓아온 지식과 지혜를 전수하는
교사

지식이란 '배우거나 경험'해서 '개인이나 혹은 그가 속한 사회가 가지고 있는', '대상에 대한 이해 혹은 정보'입니다. 인류는 지금까지 계속 새로운 지식을 '탐구하고', 다른 사람에게 지식을 '가르치고', 지식을 '모아서 관리'했습니다. 우리가 사용하는 편리한 물건, 아름다운 예술 작품, 함께 모여서 살아가는 데 필요한 여러 가지 제도는 모두 인간의 지식 활동에 뿌리를 두고 있으며, 앞으로도 인류가 존재하는 한 지식을 찾고, 전달하고, 관리하는 일은 계속될 것입니다.

이 책에서 우리는 지식을 다루는 직업 중에서도 지식을 '가르치는' 직업인 '교사'를 자세히 알아봅니다. '가르친다'는 것은 지금까지 축적된 인류의 지혜를 다음 세대에 전달하는 일입니다. 새로운 세대는 물려받은 유산을 활용해 더욱 발전된 사회를 만들어나갑니다. 교사는 생활에 필요한 기본 지식부터 직업을 가지는 데 필요한 기술을 가르칠 뿐 아니라 인간관계, 사회성, 도덕과 윤리, 예술과 문화 등 다른 사

람과 어울려 즐겁게 살아가는데 필요한 것을 가르칩니다. 또한, 교사
는 학생이 가지고 있는 훌륭한 자질을 찾아내서 꽃피울 수 있도록 돕
습니다.

교사는 중학교, 고등학교 학생들에게 장래 희망하는 직업을 물어볼
때 항상 1등으로 꼽히는 직업이기도 합니다. 교사가 장래 희망 직업 1
등으로 꼽히는 이유는 무엇일까요? 우선 청소년에게 가장 친숙한 직
업이기 때문입니다. 다양한 직업을 알고 있더라도 실제로 교사만큼
일하는 모습을 가까이에서 볼 수 있는 직업은 많지 않습니다. 또한, 안
정적인 직업이라는 점도 큰 이유로 작용합니다.

이 책은 교사라는 직업이 언제, 어떻게 탄생해서 오늘에 이르렀는지
직업의 역사를 알아보고, 미래에는 어떻게 달라질지 예측해봅니다.
교사라는 직업의 본질을 이해하고 교사가 지금까지 인류 발전에 어떤
기여를 했는지 알게 된다면 그동안 막연하게 짐작했던 교사라는 직
업을 보다 진지한 시선으로 보게 될 것입니다. 또한, 교사가 되기 위해
필요한 자질이 무엇인지, 어떤 준비를 해야 하는지, 앞으로 어떻게 발
전해 나갈 것인가도 알 수 있을 것입니다.

무엇보다도 책을 읽는 청소년들이 직업의 본래 의미를 이해하여 앞
으로 어떤 직업을 선택하더라도 자신이 하는 일에 보람을 느끼고 즐
겁게 살아가기를 기대합니다.

• 차례 •

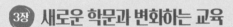

1장

교사의 탄생

아주 오래전부터 사람들은 하늘에 제사를 지내며 사냥감이 많이 잡히기를, 질병이 없어지기를, 풍년이 들기를 기원했다. 제사를 지내고, 소원을 빌고, 점을 치는 일은 그 사회에서 가장 지식이 풍부하고 경험이 많은 사람이 맡았다.

문자가 발명되고 기록한 지식이 쌓이며 제사장이 하던 일이 나누어져 지식을 다루는 직업들이 생겨났다. 기원전 1100년 경 고대 그리스에서는 학문을 연구하는 학자들이 등장했고, 가르치는 일을 전문적으로 하는 교사도 나타났다. 기원전 300년 무렵에는 지식을 모아서 관리하는 사서와 큐레이터가 나타났다.

문명이 싹트고, 지식을 다루는 직업이 생겨나다

문명과 도시의 발전

인류의 문명은 큰 강 주변의 비옥한 땅에서 발전했다. 풍성한 농작물을 키울 수 있는 지역을 중심으로 사람들이 모여 사는 마을이 생겨났다. 작은 마을은 합쳐지고 점점 규모가 커져서 수많은 사람이 모여 사는 도시로 발전했다. 많은 사람이 모인 도시에서는 건물을 짓고, 문자를 사용하고, 규칙을 만들었다.

문자의 발명

사람은 언어라는 수단으로 서로의 의견을 주고받는다. 언어는 말과 글로 이루어져 있다. 말, 즉 음성 언어는 뜻을 소리로 나타내기 때문에 입 밖으로 나오는 순간 바로 사라진다. 이러한 시간의 제약을 이겨내고 말을 기록하기 위해 만든 것이 바로 문자이다.

문자가 발명되기 이전의 사람들은 다른 사람에게 말이나 그림으로 지식을 전달하는 데에 한계가 있었다. 문자가 만들어진 뒤에야 비로소 인류의 지식이 오랫동안 보존되고 널리 전달될 수 있었고, 문명이 화려하게 꽃피기 시작했다. 그래서 문자는 불, 바퀴와 함께 문명을 이끈 3대 발명품이라고도 한다.

인간은 문자로 지나간 일을 기록해서 남겨두기 시작했고, 후대 사람들은 기록을 보고 과거에 일어난 일을 알 수 있었다. 이처럼 문자로 기록하기 시작한 시기를 역사 시대라고 부른다.

인류의 위대한 발명품인 문자는 약 5500여 년 전(기원전 3500년), 메소포타미아 지역에서 수메르인이 처음 만들어 사용했다. 비슷한 시기에 고대 이집트와 중국에서도 자신만의 문자를 만들어 사용했다.

수메르 문자(왼쪽), 이집트 문자(가운데), 중국 문자(오른쪽)

필기도구의 등장

• 중동, 아프리카, 유럽

글을 쓰기 위해서는 필기도구가 필요
하다. 지금은 종류도 다양하고 구하기
쉽지만, 이전에는 만들기 어렵고 값도
비쌌다. 처음으로 종이 역할을 한 것은
점토판이었다. 점토판은 진흙을 반죽해
서 평평하게 만든 것으로 표면에 날카
로운 도구로 글자를 새겨 넣은 뒤 말리거나
불에 구워 단단하게 만들어서 보관했다.
최초의 문자로 알려진 수메르 문자도 점토
판에 새겨졌다.

길가메시점토판(대영박물관)

점토판에 글을 새길 때는 끝이 날카로운 나무
나 금속을 사용했는데 이를 스타일러스라고 한
다. 요즘 노트북이나 패드에 글을 쓰는 장치
도 스타일러스라고 부르는데, 역사가 깊
은 이름이다.

이집트에서는 나일강 강가에 많이
자라는 갈대의 일종인 파피루스를 이

스타일러스

용했다. 파피루스의 속껍질을 벗겨 두드린 후, 가로 세로로

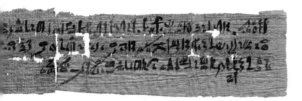

파피루스

여러 장을 겹쳐 말리면 그 위에 글을 쓸 수 있었다. 파피루스는 재료를 구하기도 쉽고 만들기도 쉬워서 그리스를 비롯한 고대 서양 세계로 퍼져 나갔다. 종이를 영어로 페이퍼paper 라고 하는데 파피루스에서 비롯된 이름이다.

간단한 필기를 할 때는 서자판을 사용했다. 서자판은 나무판 위에 양초의 재료인 밀랍을 칠한 것으로, 날카로운 도구로 긁어 글을 썼고, 밀랍을 다시 뭉개면 썼던 글자가 지워져서 다른 글을 쓸 수 있었다.

파피루스는 따뜻한 지역에서만 자랐기 때문에 추운 지역에서는 주로 양가죽으로 만든 양피지가 널리 쓰였다. 중요한 문서는 소가죽으로 만들기도 했다. 이런 가죽 종이들은 파피루스에 비해 견고하고 보존도 잘 되었지만, 값이 매우 비쌌다. 책 한 권을 만들려면 새끼 양 수십 마리의 가죽이 필요했다.

양피지에 적힌 율법

우리가 지금 쓰는 종이는 서기 105년경 중국의 채륜이 만들어 동양권에서 사용되다가 1100년대 유럽으로 전해져 전 세계적으로 널리 쓰이게 되었다.

파피루스나 양피지에 글을 쓰는 도구로 만들어
진 것이 펜이다. 처음에는 갈대나 나뭇조각의 끝을
날카롭게 한 뒤 잉크를 찍어 사용하다가, 기원전 500년경
부터 새의 깃털 끝을 뾰족하게 해서 쓰는 깃펜이 널리 퍼지게 되었
다. 펜이란 명칭도 새의 깃털을 뜻하는 라틴어 penna에서 비롯한 것
이다. 10세기가 되어 금속으로 된 펜을 사용하게 된 후 깃펜은 점점 사
라졌다.

연필은 14세기 무렵에 탄생했다. 처음에는 손에 쥘 수 있도록 나무
막대 끝에 흑연 조각을 끼우거나, 흑연 조각에 실을 감아서 사용하다
가 점차 지금과 같은 모습으로 발전했다. 연
필은 잉크를 따로 가지고 다닐 필요가 없어
서 일하는 현장의 필기도구로 사랑받았다.

볼펜은 발명된 지 그리 오래되지 않았다.
펜촉에 찍어둔 잉크는 시간이 지나면 말라
버린다는 불편함이 있었다. 1943년 헝가리
의 신문기자가 이 불편함을 없애고자 잉크
를 채운 대롱 끝에 작은 공을 달아 만들었
다. 볼펜은 값이 싸고 사용하기 편리해서 빠
르게 퍼져 나갔다.

서자판

금속펜

• 아시아

아시아권에서 문자를 기록하는 도구로 처음 등장한 것은 거북이 등 껍질(갑, 甲)과 동물의 뼈(골, 骨)였다. 여기 새긴 문자를 갑골문자라 하는데, 중국의 고대 유적에서 발견되었다.

죽간

목독

고대 중국에서 널리 사용된 것은 죽간이다. 죽간은 대나무를 일정한 크기로 잘라서 글씨를 쓰고, 이 조각을 순서대로 묶은 것이다. 대나무가 아닌 나무 조각을 이용한 것은 목독이라고 한다. 죽간이나 목독을 이용해서 긴 글이나 책을 펴내려면 글을 쓴 조각을 가죽이나 비단 끈으로 엮어야 했다. 공자가 『주역』을 열심히 읽어 끈이 세 번이나 끊어졌다는 이야기가 전해지는데, 이는 죽간을 엮고 있던 끈이 끊어졌다는 의미다.

비단 천을 적당한 크기로 잘라 글을 쓰기도 했다. 비단은 비싸기도 하고, 오래 보관하기도 쉽지 않아 책을 만드는 것 보다는 편지나 문서를 쓰는 데 주로 이용했다.

아시아권, 특히 중국 문화권에서 주로 사용한 필기도구는 붓이다.

기원전 3세기경에 지금의 형태와 유사한 붓을 처음으로 만들었는데, 기다란 대나무 가지 끝에 동물의 털을 묶어서 사용했다. 우리나라에서는 경상남도 창원의 다

붓

호리 유적에서 기원전 1세기의 붓이 발굴되었다.

글쓰는 직업의 탄생

문자가 발명되었지만 글을 읽고 쓸 줄 아는 사람은 거의 없었다. 글은 종교 사원에서만 배울 수 있었다. 그래서 글을 배우기 위해서는 먼저 사제가 되어야 했다. 글을 배우고 난 다음에는 대부분 평생 동안 종교 기관에서 사제로서 임무를 다해야 했다.

글과 관련된 다른 대표적인 직업으로 글을 그대로 베껴 문서나 책을 만드는 필경사가 있었다. 인쇄술이 발명되기 전까지는 책이나 다른 문서를 여러 권 만들려면 일일이 손으로 베껴 써야 했다. 그래서 전문적으로 글을 베껴 쓰는 사람들이 꼭 필요했다. 필경이란 '붓(筆 붓 필)으로 농사를 짓는다(耕 밭 갈 경)'라는 뜻으로, 글 베껴 쓰기로 생계를 유지한다는 의미다. 필경은 훈련받은 지식인들이 종사하는 일이었다. 특히 유럽의 수도원에서 수도사들은 의무적으로 책을 베껴야 했

고, 중국과 우리나라에서는 붓으로 글씨를 멋지게 쓸 줄 알아야 배운 사람으로 인정받았다.

인쇄술이 발명되면서 손으로 글씨를 쓰는 일이 점차 줄어들었고, 타자기, 컴퓨터 프린터 등이 발명되면서 사람들은 더 이상 필경사라는 직업을 찾지 않게 되었다. 하지만 아직 필경사는 남아 있다. 임명장이나 상장, 표창장에는 아직도 사람이 직접 붓으로 멋진 글씨를 쓴다. 대통령이 수여하는 임명장에 전문적으로 글씨를 쓰는 공무원도 따로 있다.

신화와 전설 속의 교사

인류는 한 세대의 지식과 경험을 다음 세대에게 전달하며 살아왔다. 마을의 경험 많은 노인은 젊은이에게 농사, 채집, 사냥 경험을 들려주었다. 봄이 되어 씨를 뿌려야 하는 때, 겨울이 오기 전에 미리 식량과 땔감을 장만해 두어야 한다는 점, 여럿이 모여 큰 짐승을 사냥할 때 조심해야 하는 일 등등 환경에 적응해서 살아나가는 데 꼭 필요한 일들을 가르쳐 주었다. 이 가르침은 다음 세대로, 또 다음 세대로 전달되면서 그 사회의 소중한 지식이 되었다. 교육은 생활과 동떨어진 것이 아니라 생활 그 자체였다.

이런 생활 교육의 흔적은 신화와 전설에서도 찾을 수 있다. 대부분의 신화에는 신이 인간에게 불을 쓰는 법, 농사짓는 법 등을 전하는 내용이 등장한다. 단군신화에 따르면, 사람이 되고 싶은 곰과 호랑이가 천제의 아들 환웅을 찾아간다. 환웅은 곰과 호랑이에게 동굴에 들어가 마늘과 쑥만 먹으면서 100일을 지내면 사람이 될 수 있다고 말한다. 호랑이는 견디지 못하고 도망갔지만 곰은 묵묵히 견뎌내 21일 만에 여자로 변하여 환웅과 결혼하고, 한반도 최초의 국가인 고조선의 시조인 단군을 낳는다. 역사학자들은 이 신화 내용을 바탕으로 환웅은 사람들이 살아가는 데 필요한 여러 가지 지혜를 가르쳐 준 지도자, 교사와 같은 역할을 했을 것이며 곰은 교육을 받아 살아가던 당시 부족 사람들을 의미한다고 추측한다.

또한, 중국에 전해오는 삼황오제 신화에 따르면, 아주 오랜 옛날 복희, 신농, 헌원이라는 지도자가 있었는데, 복희는 불을 사용하는 법, 신농은 농사짓는 법, 헌원은 집 짓고 옷 만드는 법을 가르쳤다고 전해진다. 이들 역시 사람들에게 살아가는 방법을 전한 교사라고 볼 수 있다.

고대 그리스·로마의
교육과 교사

도시국가별로 다채로웠던 그리스의 학교

기원전 700년이 지날 무렵 고대 그리스에 본격적인 학교가 등장했다. 당시 그리스는 아테네, 스파르타, 코린트, 테베와 같은 도시를 중심으로 한 도시국가, 폴리스가 성장하면서 고대 문화의 꽃을 피우던 시기였다.

폴리스는 젊은이를 국가가 원하는 이상적인 모습으로 키워내고 싶어 했으며, 가르치는 것도 국가가 주도했다. 폴리스마다 조금씩 차이가 있었지만, 음악과 체육을 중요하게 여겼다. 당시 그리스 사람들은 음악을 배워야 아름다움을 이해하고 선한 사람이 될 수 있다고 믿었다. 그리고 그리스 시민들은 나라를 침략하는 외부의 적들과 싸워 폴리스를 지켜야 했기에 뛰어난 신체적 능력을 갖추어야 했다.

그리스의 대표적 폴리스인 아테네에서는 솔론이라는 정치가가 학교에 관한 규정을 만들어 국가가 교육을 감독하도록 했다. 남자 아이들은 7살 무렵부터 체육학교에서 균형 잡힌 신체를 만

고대 그리스, 올림피아에 있던 김나시온의 흔적

드는 교육을 받았고, 음악학교에서는 노래와 악기 연주는 물론 읽기와 쓰기, 계산하기 등을 배웠다. 14세가 되면 김나시온이라는 공립학교에서 더욱 전문적인 교육을 받았다.

또 다른 폴리스인 스파르타는 엄격한 군사교육을 하는 것으로 유명했다. 스파르타에서는 모든 개인을 나라에서 관리했다. 아이가 태어나면 건강 상태를 살펴서 허약하거나 질병이 있는 아이는 폴리스 밖에 버리고 건강한 아이만 키웠다. 7살이 되면 본격적인 교육이 시작되었는데 모든 남자아이는 집을 떠나 단체로 지내며 주로 군사훈련을 받았다. 훈련은 매우 엄했으며, 아이들을 굶기거나 때리는 일도 많았다. 읽기와 쓰기, 음악, 무용과 같은 과목도 배우기는 했지만 비중이 크지는 않았다. 학교라기보다는 군대에 가까웠고, 직업 군인이 교사의 역할을 했다. 20세까지 훈련을 받아야 성인으로 인정받았다. 이후 10년 동안 군사훈련을 받고 전쟁에 나가야 했다. 30세가 되면 비로소

정식 시민권을 얻고 결혼해서 가정을 가질 수 있었다.

가르침의 대가를 받는 철학자 집단, 소피스트

소피스트라고 불리던 철학자와 지식인 집단은 그리스 전역을 여행하면서 사람들에게 지식과 사상을 전하고 그 대가로 돈을 받았다. 여러 명의 소피스트가 모여서 지금의 대학처럼 사람을 모아 교육하기도 했다.

그런데 당시에는 지식이나 사상을 나눠주는 대가로 돈을 받는 것이 옳지 않다고 생각하는 사람도 많았다. 그들은 소피스트를 비판했다. 그리스의 위대한 철학자 소크라테스도 가르침의 대가로 돈을 받는 것은 옳지 않다고 생각했다. 다른 사람에게 도움을 받게 되면 중요한 사안에 대해 공정하고 자유롭게 자신의 의견을 펼치지 못하고, 자신이 도움을 받은 사람 편으로 마음이 기울어진다는 것이다. 소크라테스는 교사가 사회로부터 자유로워야 한다는 신념을 가지고 있었고, 가르침을 대가로 주는 돈을 전부 거절했다.

또한, 소피스트의 가르침은 당시 도시국가들의 방침과 어긋나기도 했다. 그리스 도시국가들이 교육을 장려한 이유는 나라에서 필요한 인재를 얻기 위해서였다. 하지만 소피스트는 개인의 권리가 중요하고, 국가를 위한 지식보다 '지식' 그 자체를 탐구해야 한다고 가르쳤다. 국가는 소피스트의 가르침이 마음에 들지 않았다. 그래서 소피스트들을 나라에서 쫓아내거나 감옥에 가두고, 소크라테스처럼 사형에 처하기도 했다.

능력으로 평가받던 그리스의 교사

그리스의 도시국가들은 다른 나라에 비해 교육제도를 잘 갖추고 있었지만 교사가 되기 위한 자격 조건 같은 것은 없었다. 그래서 충분한 자격을 갖추지 못한 교사도 있었고, 잠깐 가르치다 그만두는 교사도 많았다.

잘 가르치는 교사의 수업료는 비쌌고 배우고 싶어하는 학생도 많았다. 인기 많은 교사에게 배웠다는 점이 사회적 지위와 명예에 도움이 되기도 하였다. 평판이 좋은 교사는 부자나 귀족들의 후원을 받으면서 좋은 환경에서 일할 수 있었지만, 대부분의 교사는 국가에 고용되어 월급을 받았다.

학생은 실생활에서 문제를 얼마나 잘 해결할 수 있는지로 평가되었고 시험 성적은 중요하지 않았다. 예를 들면 부모님의 지시대로 편지를 잘 쓰면 그 학생은 문법 교육을 잘 받은 것이었다. 학생이 실생활에 필요한 업무 수행을 잘 해내지 못하면 교사에게 월급을 주지 않기도 했다.

교사가 주도하여 만든 로마의 학교

로마는 현재 서양의 제도와 문화에 커다란 영향을 미친 막강한 제국이었다. 초기 로마에서는 대부분의 교육이 가정에서 이루어졌다. 기원전 2세기 무렵 그리스의 영향을 받아 로마에도 학교가 만들어지기 시작했다.

가장 많이 생겨난 것은 개인이 설립한 초등학교인 루두스ludus였다. 운영에 필요한 비용이나 교사의 월급은 지역의 학부모가 내는 교육비로 충당했으며 운영 방식은 학교마다 달랐다. 남자만 교육을 받을 수 있던 그리스와 달리 여자도 입학할 수 있었다. 보통 7세부터 학교를 다니기 시작해서 11세가 넘으면 졸업했다.

루두스에서는 언어와 문학에 능숙한 루디 마지스터ludi magister가 읽기, 쓰기, 셈하기의 기초를 가르쳤다. 학생들은 호메로스의 『오디세이아』를 주요 교재로 읽기와 쓰기를 배웠다. 로마에서는 그리스와 달리 예체능 교육이 실생활에 큰 도움이 되지 않는다고 생각했다. 부모들은 아이들이 학교에 갈 때 페다고그를 동행시켰다. 이들은 학생의 보호자이자 가정교사, 심부름꾼의 역할을 했다.

루두스를 졸업한 학생들은 문법 교사인 그라마티쿠스grammaticus가 운영하는 학교에 다녔다. 그라마티쿠스는 집이나 개인이 소유한 공간에 학생을 모집해서 가르쳤다. 수업은 학생들이 내는 사례금으로 운영되었다. 보통 12세에서 16세 사이 학생들에게 읽기, 쓰기 뿐 아니라 역사, 문학, 도덕, 문법과 같은 과목을 가르쳤다.

고등 교육 기관으로는 수사학교가 있었는데 귀족이나 원로원 의원 가문의 젊은이들이 주로 다녔다. 당시 로마에서는 대중 앞에서 자신의 의견을 설득력 있게 전달할 수 있어야 공직자로 출세할 수 있었다. 또한, 변호사가 되어 멋진 변론을 하면 돈을 많이 벌고 유명해질 수 있었다. 광장에서 연설을 잘하는 사람이 열변을 토하면 아이돌 스타의 무대처럼 관중이 모여들어 환호했다. 그래서 많은 젊은이가 사람들에게 설득력 있게 말하거나 글을 쓰는 방법인 수사법과 웅변술을 익혔다.

수사학교에서는 수사학자들이 교사 역할을 했는데, 이들은 대부분 그리스 출신이었다. 수사학자들은 아주 좋은 대우를 받았고, 다

페다고그

그리스·로마 시대 학부모들은 페다고그(pedagogue)를 고용했다. 대부분의 페다고그는 노예 신분이었다. 전쟁에서 포로로 잡혀 노예가 된 사람 중에는 아주 높은 수준의 교육을 받은 사람들이 있었다. 이들은 학생이 수업에 빠지지 않는지, 숙제나 수업 준비는 제대로 하는지 꼼꼼하게 챙기며 지도했다.

페다고그는 그리스어로 '아이들(ped)을 이끌다(agein)'라는 의미로 요즘에는 교사, 강사를 뜻하는 용어로 쓰인다. 가르치는 것을 연구하는 학문인 교육학은 '페다고지(pedagogy)'라고 하는데, 페다고그에 학문을 의미하는 logy가 합쳐진 단어이다.

른 나라 출신이더라도 로마에서 수사학교를 열면 로마 시민이 될 수 있었다.

책임을 잊은 로마의 교사

루두스의 교사인 루디 마지스터는 그리스 출신 노예도 많았고 사회적 지위가 낮았다. 로마 사람들은 아이들에게 기초적인 글이나 셈을 가르치는 것을 중요하게 생각하지 않았다.

그러나 문법학교 교사인 그라마티쿠스나 수사학교의 교사인 수사학자는 높은 평가를 받았다. 그리스는 문화적으로 로마보다 선진국이었기 때문에, 그리스 출신 교사가 로마 출신보다 더 인기가 있었다. 누구에게 배웠는가, 고전에 대한 지식은 얼마나 풍부한가가 교사의 능력을 평가하는 중요한 항목이었다.

로마 제국 초기에 문법 교사와 수사법 교사의 역할은 매우 중요했다. 이들은 단지 지식뿐 아니라, 청소년들에게 로마 시민으로서 갖추어야 할 도덕과 윤리를 가르쳐야 하는 책임이 있었다. 교사의 이상적

고대 로마의 교실을 새긴 석판. 교사와 두 명의 학생이 의자에 앉아 공부하는 중에 한 학생이 지각해서 늦게 들어온다(오른쪽 서 있는 학생). 교사가 쳐다보면서 야단을 치는 것 같다. 지각하는 학생은 언제나 있었다. (독일 라인 박물관)

인 목표는 모든 능력을 발휘해서 로마에 이바지하는 인재를 키우는 것이었다.

그러나 시간이 지날수록 교사들은 나라가 지원해 주는 혜택을 받으며 편안히 생활하면서 새로운 철학과 사상을 가르치는 일은 멀리했다. 문법 교사는 복잡한 문법 규칙을 반복해서 외우도록 가르쳤고, 수시법 교사들은 말과 글의 철학적, 정치적 의미보다는 화려하고 번지르르하게 말을 꾸미는 기술 위주로 가르쳤다.

새로운 교사의 탄생

로마 제국 후반기에는 기독교인들이 새로운 교사로 등장했다. 로마는 오랫동안 기독교를 금지했고, 기독교인들은 오랜 시간 동안 박해를 받았지만 규모가 커진 기독교는 결국 로마의 국교가 되었다. 기독교의 사제는 인문 교육보다는 종교 경전과 기독교 교리 위주로 가르쳤다. 사제들은 로마 제국 말기, 전쟁으로 인해 많은 문화 유산이 파괴되는 와중에 수도원에서 지식을 책으로 만들어 보전하고 다음 세대의 사제들에게 가르치면서 명맥을 이었다.

고대 중국의 교육과
교사

고대 중국의 학교

중국 역사에서 실재했다는 것이 증명된 최초의 나라는 상商 나라다. 상나라에서는 문자를 사용했고 제대로 된 모습을 갖춘 학교가 있었다는 증거가 발견되었다. 당시 학교는 서序라고 불렸는데, 평민들이 다니는 서서西序와 귀족들이 다니는 동서東序가 있었다. 서서는 초등 교육을 담당했고, 동서는 고등 교육을 담당하는 대학의 역할을 했다.

기원전 11세기 세워진 주周 왕조 때 왕과 제후를 중심으로 하는 신분제도가 확립되었다. 황제는 하늘로부터 명을 받았다는 사상을 근본으로 하는 유교적 질서를 바탕으로 각종 사회 규범, 예법과 더불어 교육제도도 제 모습을 갖추었다. 중국의 왕은 나라를 평화롭게 다스리려면 백성들이 통치자의 가르침을 잘 따라야 한다고 생각했다. 그래서 학문과 교육도 모두 관청, 즉 나라에서 관장했다.

주나라는 수도에 국학, 지방에 향학이라는 이름의 학교를 세웠다. 국학은 초등 교육을 위한 소학과 고등 교육을 위한 대학으로 이루어졌다. 향학은 마을 크기에 따라 다른 규모로 세워졌다. 향학에서 공부를 잘하는 학생은 수도의 대학에 입학할 수 있었다.

고대 중국의 국영수, 육예

당시 중국의 학교에서는 육예六藝라는 6가지 과목을 중점적으로 가르쳤다. 육예는 예절을 가르치는 예禮, 음악을 가르치는 악樂, 활쏘기를 가르치는 사射, 말을 타고 마차 몰기를 가르치는 어御, 글쓰기와 문장을 가르치는 서書, 숫자와 셈하기를 가르치는 수數이다.

글쓰기(서)와 셈하기(수)는 일상생활에 필요한 기본 지식이고, 활쏘기(사)와 승마와 마차 몰기(어)는 사냥을 위한 생존 기술이자 전쟁에

육예를 묘사한 그림으로 왼쪽부터 예절(예), 음악(악), 활쏘기(사), 마차 몰기(어), 글쓰기(서), 셈하기(수)

서 필요한 군사훈련이었다. 하늘에 제사를 지내거나 사람을 만날 때는 지켜야 하는 법도가 있었으며, 법도에 따라 서로 다른 음악을 연주했기에 예절(예)과 음악(악)은 사회 규범을 지키기 위해 알아야 했다.

왕에 버금가는 교사의 지위

고대 중국의 교사는 사람들에게 존경받았을 뿐만 아니라 사회적 지위도 높았다. 교육을 나라에서 주관했기 때문에 교사는 관직에 오를 수 있었고, 하늘에 제사를 지내는 중요한 행사도 주관했다.

중국에서 가장 오래된 역사서 『서경』에 "하늘이 백성을 돕기 위해 임금을 만들어 주고, 스승을 만들어 주었다"라고 기록되어 있는 것처럼 교사는 왕에 버금가는 위치에 있었다. 군대를 이끄는 지휘관을 일컫던 '사師'가 교육을 담당하는 관원을 칭하는 이름으로 쓰이기 시작하는데, 이는 교사의 위치가 그만큼 높았다는 것을 보여준다.

혼란스러운 춘추 전국 시대, 사학이 만들어지다

세월이 흘러 주나라가 약해지고 중국은 여러 나라로 쪼개져 서로 패권을 다투는 춘추 전국 시대로 접어들었다. 기존의 질서가 무너지면서 정치, 경제, 사회 모든 분야에서 새로운 변화가 일어났다. 국가 간의 싸움도 치열했지만 나라 안에서의 권력 다툼도 치열했는데, 이 경쟁에서 패한 귀족들은 도시에서 멀리 떨어진 시골이나 다른 나라로

도망갔다. 이들은 비록 가진 것을 다 잃었지만 높은 수준의 교육을 받은 사람들이었기 때문에 도망친 지역에서도 학문을 전파하는 역할을 했다.

기존의 귀족 세력이 몰락했기 때문에 평민이 귀족이나 관리가 될 기회도 생겼다. 관리가 되어 출세하기 위해서는 높은 수준의 학문이 필요했기 때문에, 공부하고 싶어 하는 사람도 많아졌다. 학식이 높거나 전문적인 지식이 있는 사람은 학교를 만들어 교사 역할을 했다. 이처럼 개인이 만든 학교가 사학私學(사립학교)이다. 반면에 나라가 만들어 운영하는 학교는 관학官學(국공립학교)이라고 했다. 학생은 자기 마음에 드는 학교와 교사를 골라서 배웠기 때문에 사학 간 경쟁은 치열했고, 인기가 없는 교사와 사학은 경쟁에서 밀려 문을 닫기도 했다.

진 왕조의 중국 통일과 사학의 몰락

중국을 통일한 진시황은 교육제도를 바꿨다. 진시황은 사학에서 가르치는 다양한 사상이 황제의 가르침과 국가의 권위를 떨어뜨리고 정치를 어지럽힌다고 생각해서 사학을 금지했다. 대신 관리를 교사로 임명해서 각 지역에 내려 보냈는데 이들은 진나라 건설의 토대가 된 법가 사

법가 사상을 대표하는 한비자

상을 가르쳤다. 이 시기는 국가에서 정한 것 외에는 가르치거나 배우지 못했기 때문에 학문과 교육의 암흑기로 일컬어진다.

한 왕조와 교육의 부흥

진나라를 이은 한漢 왕조는 진나라의 멸망으로부터 학문과 사상을 하나로 통일하도록 강제하는 것은 위험하다는 교훈을 얻었다. 그래서 다시 다양한 학문과 사상을 허용하고 사학도 되살렸다.

한나라는 수도에 최고 교육 기관인 태학을 만들었다. 태학에 다니는 학생은 각종 의무를 면제받았고, 졸업을 하면 높은 관직에 오를 수 있었다. 태학에는 귀족의 자제, 부유한 집안 출신, 지방의 관리들이 추천한 평민 등 다양한 계층의 학생이 다녔고, 그 수는 최대 3000여 명에 달했다. 지방에도 학교를 세워서 그 지역 학생들이 다녔는데, 그중 공부를 잘하는 학생은 태학에 입학하기도 했다.

이러한 흐름 속에 사학도 크게 발전했다. 어린아이들에게 기본적인 읽기, 쓰기와 기초 경전 과목을 가르치는 곳부터 태학과 같은 고등 교육 과정을 가르치는 곳까지 다양했다. 나라에서 운영하는 관학은 입학 정원이 제한되어 있었기 때문에, 기본 교육을 받고 난 뒤 더 배우고 싶은 학생들은 사학에서 고급 과정을 배웠다.

관학과 사학의 교사

태학에서 가르치는 교사는 박사博士 또는 교수教授라고 했다. 지방 학교에서는 경사, 혹은 효경사라는 교사가 가르쳤다. 관학의 교사가 되기 위해서는 지방 정부나 귀족의 추천이나 황제의 초청을 받아야 했다. 그래서 관학의 교사가 되고 싶은 사람은 먼저 학문으로 세상에 이름을 알렸다.

그에 비해 사학은 누구나 만들 수 있었다. 사학이 얼마나 번창하는 가는 교사의 역량에 달려 있었다. 뛰어난 교사가 가르치는 사학은 인기가 많아 수천 명의 학생이 몰려들었다.

고대 우리나라의
교육과 교사

우리나라의 고대 교육

아쉽게도 우리나라의 고대 교육에 관한 기록은 찾을 수가 없다. 특히 일제 강점기에 일본이 의도적으로 우리의 고대 역사를 축소하고 없애 버려서 남아 있는 자료가 별로 없다. 하지만 당시 중국의 발전 정도에 비추어 보면 고조선에도 교육 기관이 있었을 것이라 짐작할 수 있다. 또 기원전 1세기경의 오래된 무덤에서 붓이 발견된 것을 보면 문자를 기록하는 방법도 널리 펴져 있었을 것이다.

교사에 관한 정보도 남아 있는 자료가 많지 않다. 다만 고조선에 기록을 전담하는 신지라는 관직이 있었다는 것으로 미루어 보아, 지식인을 양성하는 기관과 국가에서 임명하는 교사도 있었다고 짐작할 수 있다.

삼국시대의 교육

• 고구려

삼국시대부터는 교육에 관한 기록들을 확 인할 수 있다. 고구려는 372년 지금의 국립 대학에 해당하는 태학太學을 세웠다. 기록으 로 알 수 있는 우리나라 최초의 학교이지만 구체적으로 누가, 무엇을 가르쳤는지는 알

고구려

수 없다. 당시에 세워진 학교들의 성격으로 미루어 봤을 때 아마도 유 학 경전 위주로, 관리가 되는 데 필요한 지식을 가르쳤을 것이다.

민간에서 자발적으로 세운 경당扃堂이라는 사립학교도 있었다. 경 당은 고구려 방방곡곡에 자리 잡은 중등 교육 기관으로, 귀족 뿐 아니 라 평민도 입학하여 유학 경전과 역사, 활쏘기 등을 배웠다. 중국 역사 책에 "고구려 사람들은 책 읽기를 좋아하여 고기를 파는 백정이나 마 구간에서 말을 돌보는 사람까지도 경당을 세웠다"라는 경당에 관한 기록이 남아있다.

• 백제

백제의 학교에 관한 기록은 발견된 바 없지만, 관리에 관한 기록에 서 학문과 교육에 종사하는 사람에게 주어지는 관직인 박사라는 칭호 를 찾을 수 있다. 박사가 다른 사람들을 가르치는 학교도 있었을 것이

백제

라고 짐작할 수 있다. 게다가 백제에는 교육을 담당하는 국가 조직이 있었고, 고구려나 신라보다 왕의 권력이 안정되어 있었으며 문화 수준도 높았기 때문에 학교와 교사가 있었을 것으로 짐작한다.

신라

• 신라

신라에는 삼국통일 전까지 공식적인 학교는 없었다. 다만 민간이 만든 교육 수련 단체인 화랑花郎이 있었다. 화랑은 마을 청년들의 모임에서 시작했다. 신라 진흥왕(540~576) 때 국가에서 정식으로 인정했지만 국가 제도는 아니었다.

화랑도는 지도자인 화랑 1명과 그를 따르는 낭도들로 이루어졌다. 화랑은 14세~17세 사이의 귀족 자제로 용모가 단정하고 믿음직하며, 지도력이 있는 사람 중에 선발되었다. 낭도는 자발적으로 모인 귀족과 평민 등 다양한 신분의 청소년들이었다. 이들은 보통 3년을 정해놓고 단체 생활을 하며, 이름난 산을 찾아다니고 몸과 마음을 단련했다. 화랑 제도로 훌륭한 인재가 많이 배출되었고 이들이 신라를 발전시키는 원동력이 되었다. "어진 재상과 충성된

신하가 여기서 나왔고, 뛰어난 장수와 용감한 병사가
이로 인해 생겨났다"라는 기록이 전해진다.

화랑의 이야기가 기록되어 있는 『삼국사기』 권4 화랑도

화랑의 이야기가 기록된 임신
서기석(국립중앙박물관)

신라의 삼국통일 후

신라는 삼국을 통일한 후 여러 제도를 정비했다. 국가가 커지면서
교육받은 사람들이 많이 필요했다. 체계적으로 인력을 양성하기 위해
서 682년 신문왕 때 최고 교육 기관인 국학國學을 만들었다. 국학은
국립대학에 해당했는데, 경卿이라는 학장 격의 최고 책임자와 가르치
는 역할을 하는 박사와 수업을 보조하는 조교 그리고 그 사람들을 지
원하는 사무직원이 있었다. 국학에는 15~30세의 학생이 입학할 수
있었고, 졸업하기까지 9년이 걸렸다. 졸업 전에도 학업 성적이 나빠
공부를 감당하기 힘들어 보이면 중도에 내보냈고, 재능이 있는 사람
은 9년이 넘어도 계속 공부할 수 있도록 했다. 학교를 졸업하면 중간

통일신라

정도 계급의 관리가 되었다. 국학에서는 주로 『논어』, 『효경』, 『예기』, 『주역』과 같은 유학 경전과 『서경』, 『춘추좌씨전』 같은 역사책을 교과서로 공부했다. 그 외에도 수학, 천문, 기상 등의 기술도 가르쳤지만 어디까지나 유교 경전을 더 잘 이해하는 데 활용하는 정도였다.

하지만 신라는 골품제 때문에 인재를 키우기 힘들었다. 골품제는 타고난 신분에 따라 특권과 제약을 두는 제도였다. 집의 크기, 입는 옷의 색깔도 신분에 따라 달랐고 할 수 있는 일에도 제약이 있었다. 골품제 때문에 사람들은 시간이 지날수록 의욕을 잃었고, 사회는 발전하지 못했다. 국학도 점차 활기를 잃었다.

이를 극복하고자 788년 통일신라는 '독서삼품과'를 실시했는데, 이는 우리나라 최초의 관리 선발 제도이다. 출신 신분과 관계없이 학문 능력을 평가해서 세 단계로 나누고, 성적에 따라 관리를 임명했다. 하지만 진골 귀족들이 이 제도를 격렬하게 반대했고, 중국에서 공부하고 돌아온 사람을 우대해서 관리로 삼았기 때문에 크게 효과를 거두지 못했다.

발해의 교육

발해에서는 주자감胄子監이라는 중앙 교육 기관에서 왕족과 귀족들이 공부했다. 특히 왕족과 귀족 여성들은 여사라는 여성 교사에게 가르침을 받았다. 고구려 멸망 후 남은 사람들이 그대로 발해의 백성이 되었기에 지방에서는 고구려의 경당과 같은 기관이 평민을 교육했을 것이라 추측한다.

발해

발해는 중국과 활발히 교류하면서 중국으로부터 유교 서적을 수입했고, 유학생을 파견해서 공부하게 했다. 발해인 중에는 중국의 과거 시험에 합격한 사람도 있었다.

고대 교사, 박사와 조교

고대에 학교에서 가르치는 일을 담당한 사람은 박사라고 했다. 지금은 박사가 대학교 이상의 교육을 받고 특정 자격을 얻은 사람에게 주어지는 학위의 이름이지만, 옛날에는 학문과 교육에 종사하는 사람에게 주어지는 관직 이름이었다.

박사는 크게 유학 경전을 가르치는 박사와 각종 전문 기술을 가르치는 박사로 크게 나누어졌다. 유학의 다섯 가지 경전 과목을 가르치는 사람은 오경박사, 수학을 가르치는 사람은 산학박사, 의학을 가르치는 사람은 의박사라고 했다. 조교는 박사를 보조해서 학생들을 가

『양직공도』 백제 사신의 모습

르치는 관리였다.

박사는 주로 교육 기관에서 학생들을 가르쳤지만 역사를 기록하고 역사책을 만드는 일도 했다. 기술 관련 박사는 천문을 관측한다든지, 환자를 돌본다든지 자기 전문 분야에 해당하는 일도 했다. 때로는 다른 나라에 문물을 전하는 외교관 역할을 했는데, 특히 백제는 일본과의 협력을 위해 많은 박사를 일본에 파견했다.

당시에는 '학문의 성취가 높고 행실이 바른' 사람이 가르칠 자격이 있다고 생각했다. 구체적으로는 다음 6가지 조건을 박사의 자격으로 정했는데, 학문에 밝은 것이 제일 중요했다.

〈박사가 되기 위한 여섯 가지 자격〉

1. 학문에 밝을 것   2. 행실이 바를 것
3. 순수하고 바른 품성을 가질 것   4. 부지런할 것
5. 노련하고 성숙할 것   6. 온화하고 인자할 것

국제 교사, 왕인

일본이 경서와 학문에 능한 사람을 보내 달라고 백제에 요청하자, 근초고왕은 왕인(王仁)을 일본에 보내 『천자문』과 『논어』를 전했다. 이후 왕인은 일본 태자의 스승이 되고, 일본에 남아 학문을 가르쳤다고 전해진다. 이후에도 백제는 박사뿐 아니라 각종 전문가를 일본에 보내 백제 문화를 전수했다.

왕인박사유적 왕인 묘 영정

2장

종교와 제도 중심의
교육과 교사

서양에서는 기독교 중심의 종교교육이 이루어졌다. 교회나 가정에서도 매질이 일상이었던 시절의 교사는 체벌과 훈계로 학생들을 교육했다. 잘 가르치는 방법은 여전히 정리되지 않았다. 필요에 따라 직업교육을 받는 이들에게는 해당 분야의 장인 같은 전문가가 교사 역할을 했다. 학문의 자유를 위해 대학이 생겨났으며, 교육이 학생과 교사의 상호작용이라는 점에 주목하여 새로운 교육 방식을 도입하기 시작했다.

이슬람 문화권에서는 모스크 사원을 중심으로 교육이 이루어졌고, 동아시아에서는 유교와 과거제도를 바탕으로 교육이 발전했다.

기독교 중심의
중세 서양 교육

기독교 중심의 교육

서양, 특히 유럽에서는 기독교 사제가 고대부터 전해온 지식을 보존하여 학문과 교육의 발전에 크게 이바지했다. 학교 역시 교회가 운영했으며, 주로 성경을 해석하고 가르쳤다. 당시 성경은 고대 로마의 라틴어로 쓰여 있어서 보통 사람은 읽을 수 없었다. 학교에서는 일상적인 종교 생활에 필요한 것 위주로 가르쳤고, 종교 외의 다른 분야나 실생활과 관련된 일은 가르치지 않았다.

중세 초기 고등 교육 기관이었던 대성당학교 중 하나인 트론헤임대성당학교

교회에서 만든 가장 대표적인 학교는 성가학교이다. 원래는 노래와 기초 라틴어를 가르쳐서 성당에서 노래하는 성가대원을 양성하기 위해 만든 곳이었는데, 시간이 지나면서 초등 교육을 하는 학교로 바뀌었다.

또 다른 교회 학교로는 문법학교가 있었다. 이 곳에서는 사제가 되고 싶은 사람들에게 신학 공부를 위한 기초 지식을 가르쳤다. 시간이 지나며 문법학교도 점차 일반 지식을 가르치는 학교로 바뀌었다.

교회가 임명하는 교사

이 시기의 학교는 교회에서 관리했고, 교사 또한 교회가 임명했다. 하지만 교사라고 모두 좋은 교육을 받은 것은 아니었다. 당시 유럽을 통치했던 샤를마뉴(740?~814)가 "교사가 되려는 사람은 먼저 제대로 읽고 쓰는 교육을 받아야 한다"라고 명령했을 정도였다.

게다가 교사들은 가르치는 방법에 관해서는 아무것도 몰랐다. 그래서 주로 학생들에게 교과서를 외워서 큰 소리로 읽도록 했다. 학교의 규율은 매우 엄했기 때문에 잘 외우지 못하거나 학습을 게을리하는 학생들은 손바닥을 맞는 벌을 받았다. 학생이 제대로 배우지 못한 것은 전부 학생 탓이었고 교사에게는 책임이 없었다.

장인을 길러내는 도제 교육

중세 말미에는 상업과 교역이 크게 발달했다. 이에 따라 새로운 직업들이 생겨났고, 직업교육도 이루어지기 시작했다. 하지만 직업교육을 위해 훈련된 교사는 없었다. 그래서 일반적으로 일을 처음 시작하는 초보자는 경험이 많은 전문가를 도우면서 어깨너머로 따라 배웠다. 11세기 이후에는 도시의 규모가 커지고 상공업에 종사하는 사람들의 모임인 길드가 발전하면서 제대로 된 직업교육 방법이 등장했다.

초보자는 도제라고 하고, 전문 기술자는 장인이라고 하는데, 장인이 도제를 교육하는 것이 도제 교육이다. 도제와 장인은 서로 계약을 맺었다. 장인은 도제에게 전문 기술뿐 아니라 기본적인 읽기, 쓰기, 셈하기도 가르쳤으며 도제의 도덕적, 종교적 품성까지 감독했다. 도제는 정해진 기간 동안 반드시 장인의 일터에서 일해야 했고, 장인에게 배운 기술을 다른 사람에게 알려주면 안 되었다.

고급 지식과 기술은 도제 교육을 통해 소수의 사람만 배울 수 있었기 때문에 기술자의 가치가 높았다. 하지만 기술이 널리 퍼지지 못하고, 경쟁을 통한 발전이 없다는 단점도 있었다. 장인들은 자기 전문 기술 분야에 적합하도록 가르치는 과정을 체계화했고, 점차 일반적인 지식 교육과는 다른 전문적인 직업교육이 발전하게 되었다.

기사가 되고 싶은 시동과 종자

전문적인 교사가 필요했던 다른 직업교육으로는 기사 교육이 있었다. 기사는 대결하기 위해 필요한 기술과 지식을 습득해야 했다. 기사가 되려면 어려서부터 엄격한 훈련을 받아야 했다. 귀족이나 기사의 아들은 7살이 되면 영주의 성에서 시동으로 일하면서 기사가 되는 교육을 받았다. 14~15세가 되면 종자가 되어 본격적인 군사훈련을 받으며 말 타기, 수영, 활쏘기, 검술, 레슬링, 춤추기 등을 익혔다.

도제가 장인 밑에서 기술을 배우는 것처럼 종자는 경험 많은 기사 밑에서 기사의 보조 역할을 하면서 각종 전투 기술을 익혔고 기사가 전쟁에 나가면 따라 나갔다. 보통 20세 초반까지 경험을 쌓고 나면 정식 기사가 될 수 있었다.

하지만 모든 종자가 기사가 되는 것은 아니었다. 전쟁에서 공을 세우거나 감독 기사로부터 인정받아야만 정식 기사가 될 수 있었다. 기사 교육은 영주가 관리했는데, 주로 그 지역에서 유명하거나 부유한 기사, 사제, 음유시인 등 다양한 배경의 사람이 교사 역할을 했다. 기사는 군사훈련뿐 아니라 예의범절, 춤, 노래, 대화법 등 사회생활에 필요한 여러 가지를 배웠지만, 순수 학문은 배우지 않았다.

학문의 자유를 위해 생겨난 대학

수도원, 성당, 수녀원 등의 종교 기관에서는 하급 수도자에게 종교

행사에 필요한 기본 지식을 가르쳤고, 고위 성직자가 될 사람에게는 신학, 문학, 역사, 수학 등의 학문을 가르쳤다. 그런데 교육을 담당하는 성직자들은 점차 가르치고 연구하는 일이 늘어나자 막상 종교 활동에 소홀해졌다.

중세 파리대학교 총장과 소속 박사들의 모임 모습

그래서 교회에서는 가르치는 일만 전담하는 사람을 따로 뽑았다. 교회는 이들에게 다른 지역에서도 가르칠 수 있는 자격증을 주었는데, 이 자격증을 가진 사람은 전국을 여행하면서 성당이나 수도원을 방문해서 자신의 지식을 전파했다. 사르트르, 파리, 볼로냐, 파도바, 살레르노, 케임브리지, 옥스퍼드 성당처럼 교사들이 뛰어난 학문적 능력을 갖추고, 잘 가르치는 것으로 유명한 성당이 생겨났다. 이렇게 유명해진 성당에는 전 유럽으로부터 학생들이 몰려들었다.

교사는 처음에는 교회의 보호를 받았지만 이후 교사 길드와 같은 자신들만의 조합을 만들었다. 교회의 보호 아래 있으면 종교적 원리와 조금이라도 어긋나는 내용은 가르칠 수 없었다. 그래서 학문의 자유를 원했던 교사들이 교사 길드를 만든 것이다. 학생들도 교사들로부터 학생의 권리를 지키기 위한 길드를 만들었다. 이런 교사와 학생

1400년대 대학의 모습

1300년경 중세 대학 의학부에 재학했던 학생이 소지했던 자연 과학, 철학, 수학 교재

길드의 이름은 유니버스타스^{universtas}였으며, 이 길드의 규모가 커지고 점차 체계화되어 지금의 대학과 같은 곳이 되었다.

대학은 지리적으로 학생들이 모여들기 쉽고, 유명한 교사가 있으며, 안전한 도시에서 먼저 발전하기 시작했다. 초기에는 주로 남부 유럽, 프랑스와 이탈리아에 생겨났다. 1500년경에는 유럽 전역에 총 79개의 대학이 생겼다.

대학이 생겨나면서 대학에서 가르치는 교사와 어린 학생을 가르치는 교사가 명확히 구분되었다. 대학에서 가르치는 사람을 대학교수라고 하는데, 학문적으로 뛰어난 성과를 낸 사람이어야 했다. 교수의 권위는 교회나 출생 신분이 아니라 학문과 교육 능력에서 발휘되었다. 대학이 나타나기 전까지 교육은 교회에서 기독교 신앙을 전파하기 위한 수단으로 활용되었다. 직업교육은 장인들이 자신의 기술을 전수하는 수단이었고, 기사 교육은 사회의 지배층을 키워내기 위한 교육이었다. 대학이 생겨나면서부터야 비로소 교육이 어떤 목적을 달성하기 위한 수단이 아니라 교육, 즉 공부 자체가 의미있는 활동이 되었다.

종교에서 독립하는 교육

문예 부흥기, 유럽의 인문학 교육

14세기가 지나며 유럽은 고대 그리스·로마의 학문에 관심을 기울

였다. 또한, 경제적인 발전으로 생활에 여유가 생긴 사람들은 자식이 더 좋은 교육을 받기를 원했다. 배우려는 학생이 늘어나면서 자연스럽게 학교와 교사가 많이 필요해졌고, 전문적인 교사가 인문학을 가르치는 학교가 발전하기 시작했다. 인문학을 가르치는 학교는 이탈리아에서 생겨나서 유럽 전체로 퍼졌다. 프랑스에서

중세 고급문답학교에서의 교육

는 리세, 독일에서는 김나지움, 영국에서는 라틴 문법학교라고 불렸
는데, 여기서는 7~21세까지 다양한 연령대의 학생이 공부했다. 학년
이 올라가면 좀 더 어려운 내용을 배우는 것처럼 나이와 학업 수준에
따라 배우는 내용이 달랐다. 라틴어로 쓰인 고전 읽기는 필수였기 때
문에 어린 학생들은 라틴어 문법과 읽기, 쓰기를 먼저 배웠고, 좀 더
나이가 들면 그리스어를 배웠다.

가르치는 내용과 방법의 변화

새로운 인문학교의 교사들은 인간이 스스로 자신의 삶과 운명을 개
척할 수 있다고 믿었다. 다만 신의 은총과 권위를 부정한 것이 아니라,
신의 권능은 인간이 가지고 있는 지혜를 통해 더 커진다고 생각했다.

인문학교 교사들의 목표는 학생들의 몸과 마음을 고루 키울 수 있도록 가르치는 것이었다. 그래서 순수 학문 외에도 그림, 노래, 의학, 법, 격투기 등 다양한 방면의 능력을 골고루 키워 주려고 했다. 학생들을 가르칠 때도 이전처럼 무조건 외우게 하거나, 잘못하면 때리지 않았다. 대신 학생들의 책임감을 북돋우거나, 서로 경쟁을 통해 성장하도록 동기를 부여했다.

하지만 자유롭고 인간적인 교육을 주장하던 학자들의 이상과 현실은 달랐다. 인문학교에서는 문법, 수사학, 문학 위주의 수업을 했고, 학생들이 말을 잘 듣지 않거나 공부에 집중하지 못하면 체벌했다. 교사들은 전날 잘못한 학생에게 회초리를 들면서 수업을 시작했다.

극과 극의 직업학교와 왕실학교

상업과 기술이 발전하면서 자연스럽게 많은 사람이 도시에 모여 살게 되었고, 부유한 중산층도 늘어났다. 도시에 모인 사람들에게도 읽기, 쓰기, 셈하기와 같은 기본 지식이 필요했다. 그래서 주로 상업과 관련된 지식을 가르치는 직업학교가 생겼다. 직업학교에서는 라틴어가 아닌 모국어로 돈 계산하는 방법, 필요한 편지를 쓰는 방법, 사업과 관련된 법률과 규정을 가르쳤다. 당시 직업학교는 꼭 필요한 곳이었으나 직업학교의 교사들은 하찮은 지식을 가르치는 사람으로 무시당했다.

왕실에서 일하는 교사들도 있었다. 이들은 귀족과 상류층을 대상으로 기사학교에서 가르치는 내용과 인문학 지식을 가르쳤다. 당시 유명

프랑스의 왕립학교 메종 로얄 드 생 루이 프랑스의 루이 14세가 1684년에 세운 여학생 기숙학교로 여성교육에 있어서 중요한 역할을 했다.

했던 학자들은 왕실 교사로 높은 지위에 오르기도 했다.

종교의 영향에서 벗어나는 교육

16세기 독일에서 시작된 종교개혁은 전 유럽으로 퍼져 나갔다. 교회와 교황의 권위가 무너졌고, 교회가 주도하고 있던 여러 종류의 일이 일반 사회의 몫이 되었다. 교육도 교회의 손을 떠나기 시작했다. 과거에 교회가 세운 학교를 졸업한 중산층 평민은 안정적인 직업을 얻을 수 있었다. 귀족은 학교를 공직으로 가기 위한 발판으로 삼기도 했었다. 그러나 교회의 권위가 추락하고 사회가 혼란스러워지면서 학교 졸업이 보장하는 것은 아무것도 없었다.

상인과 기술자 등 중산층 시민들은 더 실용적인 교육을 원했다. 문법이나 수사학이 실생활에 도움이 되지 않는다는 점을 깨달은 것이다. 그들은 교회가 교육을 통해서 사회를 마음대로 통제한다고 생각

했다. 이로 인해 마을마다 교회의 허락이나 감독을 받지 않고 실생활에 필요한 기술과 지식 위주로 가르치는 학교가 많아졌다. 이 학교는 지역 정부로부터 지원을 받았지만 여전히 대부분의 교사들은 성직자이거나 교회에서 임명한 사람들이었다. 전체적으로 교사직은 수요가 줄어서 교사가 되기 위한 경쟁은 더욱 치열해졌다.

누구나 무료로 교육받을 수 있어야 한다, 마르틴 루터

종교개혁의 선구자 마르틴 루터(1483~1546)는 교육의 목적이 '훌륭한 시민을 길러내서 좋은 사회를 만들고, 그 사회에서 많은 사람이 기독교 신앙생활에 몰두할 수 있게 하는 것'이라 믿었다. 하지만 그는 "영혼도 없고 천국이나 지옥도 없고 오직 세속적인 일만 남아 있다고 하더라도, 여전히 소년 소녀를 위한 좋은 학교는 있어야 하며 거기서

나라를 잘 다스리는 남자와 집안을 잘 돌보는 여자가 배출되어야 한다"라고 했다. 루터는 교육의 최종 목표는 종교를 널리 퍼트리는 것이지만, 교육으로 얻을 수 있는 것에는 더 많은 것이 있다고 믿었다. 루터는 근면, 성실, 끈기를 중요한 덕목으로 강조했는데, 이것은 특히 상인이나 기술자들에게 필요한 덕목이었다.

마르틴 루터

인쇄술의 발달과 모국어 성경

중세에는 사람이 양피지에 한 글자씩 직접 써서 책을 만들었다. 필경을 전문으로 하는 수도사들은 매일 성경을 비롯한 글을 베꼈다. 또 정성스레 베낀 글에 멋진 색을 입히고 그림을 곁들여서 꾸미고, 겉표지는 보석으로 장식하기도 했다. 책 한 권을 만드는 데 시간과 비용이 많이 들어서 책값이 매우 비싸 아무나 책을 가질 수 없었다. 당시 성경 한 권을 사기 위해서는 집 10채 값이 들었다. 하지만 1439년 독일의 구텐베르크가 인쇄 기계를 만들면서 책을 값싸고, 빠르게 만들어 보급할 수 있게 되었다. 구텐베르크의 인쇄술은 유럽 전역으로 급속하게 퍼져 나갔고 1500년경에는 약 900만 권 정도의 책이 만들어졌다.

마르틴 루터는 그리스어나 라틴어로 쓰인 성경을 모국어인 독일어로 번역했다. 독일어로 번역된 성경은 라틴어 교육을 받지 않은 사람도 읽을 수 있었다. 기존에는 교회를 통해서만 신의 가르침을 받을 수 있던 사람들은 모국어 성경의 보급으로 스스로 성경을 읽을 수 있게 되었다.

구텐베르크의 인쇄술을 이용한 인쇄소(왼쪽),
구텐베르크가 인쇄한 성경(오른쪽)

하지만 당시 초·중등학교에 다니는 학생은 거의 없었고 대학도 학생 수가 많이 줄어 학교 운영이 어려웠다. 루터는 부모에게 아이들을 학교에 보내기를 호소하는 동시에 나라에서 학교를 만들고, 비용도 모두 부담해야 한다고 주장했다. 루터는 나라가 해마다 군인을 양성하고, 성곽을 보수하고, 도로를 닦는데 들이는 엄청난 규모의 돈 중에서 일부분을 좋은 교사를 확보하고 학교를 만드는 일에 사용하기를 바랐다. 그는 종교 교리를 설교하는 것처럼 모든 사람이 공짜로 교육받을 수 있어야 한다고 주장했다.

루터는 경제적인 문제도 무시하지 않았다. 대부분의 가정은 자식이 학교에 다니게 되면 일손이 부족해 큰 곤란을 겪었다. 그래서 루터는 아이들이 일정 시간만 학교에서 공부를 하고 나머지 시간에는 가정에서 직업이나 생활에 필요한 일을 배우는 방안을 제시했다. 루터는 일정 나이의 아이들이 모두 의무적으로 교육을 받아야 하고, 가정교육과 학교 교육이 조화를 이루고, 교육에 드는 비용을 사회나 공공단체에서 부담해야 한다고 주장했다. 그의 주장은 근대로 이어지면서 교육이 나아갈 방향을 제시하고, 교사라는 직업이 발전하는 데 큰 영향을 미쳤다.

전문 교사 양성을 시작하다

이전보다 전문적이고 수준 높은 교사들이 등장하기 시작했다. 교육 과정이나 교육 방법에 따라 학생이 다르게 성장할 수 있다는 점을 알게 되어 잘 훈련된 교사의 중요성이 커졌다.

예수회는 엄격한 교육 과정을 통해 교사를 양성했는데, 중등 교육을 마친 사람이 예수회가 제공하는 교육을 5년 이상 받아야만 중등학교에서 가르칠 수 있는 자격을 얻었다. 당시 유럽에는 교사가 되기 위한 자격 조건에 대한 기준이 없었는데, 예수회가 처음으로 자격 기준을 만들어 교사의 전문성을 확립한 것이다. 또한 『라티오 스투디오룸 Ratio studiorum』이라는 일종의 교사용 지침서를 만들었다. 여기에는 예수회 학교의 학년별 수업 목표, 수업 방법, 시험 방식, 학교의 규칙 등 표준 교육 과정이 실려 있었다. 예수회는 교사들에게 학습이 창의적인 사고 과정이라는 점을 강조하고, 학생들을 가르치는 방법을 알려주었다.

한편 일부에서는 새로운 방식도 도입되었다. 스위스의 유명한 교육자 페스탈로치(1746~1827)는 몇 개의 학교를 운영하였는데, 학생들이 수업 내용을 암기하는 것보다 이해하는 것이 중요하다고 생각했다. 그래서 교사들에게 이해에 중점을 두고 학생을 지도하게 했다. 하지만 18세기까지 대부분의 교사는 교육하는 방법이나 수업을 듣는 학생의 심리를 고려하지 않았다.

교사의 대우가 조금씩 나아지다

교사의 전문적인 역량의 중요성이 커지면서 교사의 사회, 경제적인 지위도 조금씩 높아졌다. 기존에 교사의 수입은 학생들이 내는 등록금에 의존했는데, 차츰 국가와 교회가 정기적으로 급여를 지급했고, 일부 국가에서는 교사에게 의료비, 연금 등의 사회 복지 혜택을 주기 시작했다.

성직자가 아니어도 교사가 될 수 있었지만, 대부분의 사람은 교사가 되는 것이 신의 부름을 받은 소명이라고 생각했다. 교사는 전문 분야 외에도 읽기, 쓰기, 셈하기를 가르쳤고, 성직에 종사하는 사람이든

교사의 보호자. 성 요한 세례자 드 라 살

성 요한 세례자 드 라 살(1651~1719)은 1651년 프랑스 귀족 가문의 아들로 태어났다. 어려서부터 독실한 신앙을 가졌던 라 살은 27세가 되던 해에 사제가 되어 평생 가난한 사람들을 위한 교육에 헌신했다. 1868년, 12명의 교사와 '그리스도 교육 수도회'를 창립하고 프랑스 전역에 학교를 세웠다.

그는 최초로 교사만을 위한 교육을 했고, 교사들에게 사랑을 불어넣은 교육자였다. 1900년 교황청은 라

성 요한 세례자 드 라 살

살을 성인으로 선언했고, 1950년에는 모든 교사를 보호하는 성인이 된다.

아니든 기본적으로 기독교 윤리와 도덕에 따라 학생들을 지도했다. 교회는 교사들이 가르치는 내용이 교회의 가르침과 어긋나는지 감독했다.

왕족과 고위 귀족의 개인 교사, 코티어

특수 계층을 가르치는 개인 교사로는 코티어Courtier가 있었는데, 이들은 궁전에서 왕족이나 고위 귀족을 가르쳤다. 비록 숫자는 적었지만, 지배층에 직접 영향을 미칠 수 있었기 때문에 코티어의 역할은 매우 중요했고, 좋은 코티어가 되기 위한 책도 있었다. 이들은 귀족으로서 갖춰야 할 예절, 정치가에게 필요한 지식 등을 가르쳤다. 또한, 당시 귀족 사회에서는 결투가 개인의 용맹함을 뽐내는 무대였기 때문에 결투에 필요한 검술, 사격술도 가르쳤다.

시골의 귀족 집안이나 부유층은 가정교사를 고용했다. 가정교사는 대부분 가난한 젊은이였다. 여자 가정교사도 있었는데, 이들은 생계를 유지하기 위해 어쩔 수 없이 가정교사로 일하는 경우가 많았다. 가족처럼 좋은 대접을 받는 가정교사도 있었지만, 대부분은 하인 취급을 받았다.

영국의 경우

종교개혁 이전 영국의 교회 학교 교사들은 세속 성직자들이었다.

세속 성직자는 성당이나 수도원에서 생활하지 않고 보통 사람들과 함께 지내며 자기 재산을 가지고 전문적인 직업에 종사하는 성직자다. 하지만 16세기 영국의 종교개혁 이후 수도원이나 성당에서 운영하던 학교 대부분이 없어졌다.

헨리 8세는 영국의 교회 학교 책임자들을 모두 영국 국교회 소속으로 바꿔 버렸다. 살아남은 몇몇의 문법학교를 제외하고는 이전의 교

영국의 종교개혁

영국의 종교개혁은 특이한 형태로 일어났다. 독일이나 이탈리아 등 대륙 국가에서 개신교가 교황과 가톨릭교회에 반기를 든 것과는 달리 영국은 국왕이 교황청과의 갈등 끝에 영국 교회를 분리해 버렸다.

영국 국왕 헨리 8세는 마르틴 루터의 종교개혁에 반대해서 교황으로부터 '교회의 수호자'라는 칭찬을 받은 사람이었다. 당시 헨리 8세의 왕비는 에스파냐(지금의 스페인) 공주였는데, 왕비가 아들을 낳지 못하자 헨리 8세는 다른 여자를 왕비로 삼으려고 교황에게 이혼을 허락해 달라고 요청했다. 하지만 에스파냐와 친밀한 관계였던 교황은 이를 허가해 주지 않았다. 교회의 반대에도 불구하고 헨리 8세가 이혼하고 다른 사람과 다시 결혼하자 교황은 헨리 8세를 파문(기독교 공동체에서 쫓겨나 미사를 보지 못하는 벌)해 버렸다.

이에 헨리 8세는 영국 교회를 로마 교황청으로부터 분리해 잉글랜드 국교회(성공회)를 만들어 스스로 국교회의 수장이 되고, 수도원의 재산을 모두 몰수해 왕실 재산으로 만들었다.

회 학교와 교사는 찾아보기 힘들었다. 어떤 사람들은 새로 만들어진 영국 국교회 목사에게 자녀를 보내 기초 교육을 받게 했고, 부유한 사람들은 가정교사를 고용해서 자녀를 공부시켰다. 동네 아이들을 모아 소액의 돈을 받으며 기초적인 것을 가르치는 가정주부들도 있었다.

영국의 공립학교는 사립학교라고?

영국은 섬나라의 특성상 외국과의 활발한 교역이 경제 발전의 원동력이었기 때문에 15세기부터 상업이 특히 발달했다. 경제적으로 부유해진 계층은 자녀의 교육에 관심을 기울이게 되었고 뜻이 맞는 사람들끼리 돈을 모아서 공립학교public school를 세우고 운영했다. 공립학교의 학비는 무료였지만 이곳에 입학하기 위해서는 부모가 학교에 거액의 기부금을 내야 했다. 가난해도 재능이 특별히 뛰어난 학생은 교회 장학금을 받아 입학할 수도 있었지만, 기본적으로 부자들을 위한 비싼 사립학교나 다름없었다. 공립학교를 졸업한 사람들은 대부분 정치, 경제 분야에서 높은 자리에 오르거나 교회의 고위직을 차지했다.

공립학교에서는 라틴어, 그리스어, 로마 시대의 고전 문학과 같은 인문학을 중심으로 가르쳤다. 하지만 학생들의 대다수는 중산층으로, 졸업 후에는 집안에서 하는 일을 물려받아 상인이나 사업가가 되어야 했기 때문에 이들에게는 실용적인 공부가 더 중요했다. 시간이 지날수록 중산층 학생들은 공립학교가 아니라 청교도 분리주의자들이 세운 학교에 가서 고전뿐만 아니라 영어로 쓰인 그 시대의 문학작품을 배우고 수학, 법률 등 자신의 사업과 직접 관련된 실용적 지식을 익혔다. 그렇게 공립학교는 소수의 부유층과 귀족을 위한 학교가 되어갔다.

영국의 대표적인 공립학교, 이튼 스쿨

이튼 칼리지라고도 불리는 이튼 스쿨(Eton School)은 영국의 대표적인 공립학교다. 1440년, 영국 왕 헨리 6세가 세운 남학교로 교복을 입고 기숙사에서 생활한다. 이튼 스쿨의 졸업생들은 대부분 옥스퍼드나 케임브리지와 같은 명문 대학에 진학했다. 전 영국 총리 윈스턴 처칠, 작가 조지 오웰, 윌리엄과 해리 왕자, 베어 그릴스처럼 영국의 수많은 유명인이 이튼 스쿨 출신이다. 이 외에도 윈체스터, 세인트 폴, 해로우 등의 유명한 공립학교가 있다.

식민지에서의 교육

    15세기 콜럼버스가 신대륙을 발견한 이래, 아메리카 대륙은 유럽의 식민지였다. 중앙아메리카와 남아메리카를 식민지로 삼은 에스파냐는 금과 은을 대량으로 가져와 번영을 누렸다. 북아메리카에 진출한 영국은 이민 희망자를 모아 북아메리카의 동쪽 해안지역(오늘날의 미국)으로 이들을 이주시켜 식민지를 건설했다. 가장 먼저 미국으로 이주한 사람들은 청교도 분리주의자였다. 청교도 분리주의자들은 영국에서의 박해를 피해 신대륙에서 자신

메이플라워호를 타고 신대륙으로 온 청교도가 맞이한 1621년 첫 번째 추수감사절

들만의 공동체를 만들기 위해 메이플라워호를 타고 1620년 신대륙으로 갔다. 이들은 제일 먼저 학교를 세웠다. 이들이 세운 학교는 상업이나 사업에 필요한 지식을 주로 가르쳤다. 청교도 교리에 따르면, 일을 열심히 해서 부자가 되는 것은 신의 은총을 받았다는 증거였고 열심히 일해 돈을 버는 것은 훌륭한 일이었다. 반면 보수적인 농부들이 많이 이주한 지역에는 영국 공립학교를 본뜬 학교들이 생겨났다.

북아메리카 식민지의 교사

신대륙의 교사는 정착 초기부터 꼭 필요한 존재로 떠올랐다. 1646년 매사추세츠 지역에 정착한 사람들은 아이들에게 반드시 초등 교육을 해야 한다는 법을 만들었다. 교육에 대한 필요성이 커지자 훈련받은 교사도 많이 필요해졌다. 1647년 매사추세츠는 50가구 이상이 되

SUPPOSED FIRST OR SECOND SCHOOL HOUSE.
IN WHICH EZEKIEL CHEEVER PROBABLY BEGAN TO TEACH.

보스톤 라틴 스쿨 1635년 미국 매사추세츠 주 보스턴에 세워진 미국의 첫 공립학교로, 지금까지 존재하는 가장 오래된 공립학교

는 마을에는 반드시 초등학교 교사가 있어야 하고, 100가구가 넘으면 문법 학교를 만들어야 한다는 법을 만들었고, 다른 마을들도 이를 따랐다. 마을의 권위 있는 사람들이 교사를 고용하고 교육을 감독했는데. 때로는 몇 개의 마을이 공동으로 교사를 채용해서, 교사가 마을을 돌아다니며 가르치기

도 했다.

　교사는 아이들에게 성경을 읽고 공부하는 방법을 가르쳐야 했다. 성경을 얼마나 잘 알고 있느냐가 교사의 중요한 자격이었던 식민지 시대 신대륙의 교사는 선교사와 비슷했다. 하지만 교사 직업만으로는 생활이 힘들었기 때문에 많은 교사가 또 다른 직업을 가지고 있었다. 목사, 교회나 마을회관 청소, 종을 치는 허드렛일을 하는 사람도 있었고 더 좋은 직장을 구하기 전에 잠시 교사 일을 하는 사람도 있었다. 월급을 받지 못해서 학부모들의 도움으로 살아가는 교사도 많았고, 급여 대신 땔감이나 음식과 같은 생활필수품을 받기도 했다. 교사 자격은 지방 정부에서 주었지만, 교사의 능력과 가르치는 내용은 교회가 감독했다. 교사가 되기 위한 가장 중요한 조건은 '독실한 신앙'이었기 때문에, 조금이라도 정통 교리에 어긋나는 이야기를 하면 더 이상 교사를 할 수 없었다. 교사는 가장 도덕적이고 윤리적인 사람으로 학생들의 모범이 되어야 했다.

　청교도 마을에 세워진 학교도 공립학교라고 불렀는데 영국의 공립학교와는 완전히 달랐다. 교사 개인이 운영하는 사립학교도 있었는데, 교육 기관보다는 사업체 취급을 받았다. 사립학교는 주로 실생활과 사업에 필요한 실용적인 지식을 가르쳤다. 회사에서 교사를 고용해서 직원들에게 업무와 관련한 교육을 하기로 했다. 중산층 출신 학생들에게 인기가 많았던 사립학교는 점차 규모가 커져 돈 벌기를 주

목적으로 하는 회사처럼 운영되었다.

중, 남아메리카 식민지의 교사

신대륙에는 식민지 정복을 위해 이주한 유럽인들 외에도 원주민들이 살고 있었다. 중앙아메리카와 남아메리카는 정통 가톨릭 국가인 에스파냐의 식민지였고, 가톨릭 선교사들이 교육의 중심이 되어서 원주민을 가톨릭으로 개종시키기 위한 교육을 주로 했다. 프랑스의 식민지였던 북아메리카와 캐나다 지역에도 가톨릭교회가 중심이 되어 초등학교와 중등학교, 대학교를 만들었다.

중앙아메리카와 남아메리카 식민지의 교사는 주로 도미니크 파*나 예수회의 성직자, 또는 개종한 일부 식민지 원주민이었고 이들은 학생에게 엄격한 가톨릭 교리 중심의 교육을 했다.

* 청빈을 강조하는 가톨릭 수도자회

이슬람의 교육과 교사

초등 교육을 담당하는 사원, 모스크

이슬람 문화권에서는 예배 및 모임 장소인 모스크가 학교 역할을 했다. 이슬람교를 창시한 예언자 무함마드는 모스크를 주된 교육 장소로 만들고, 본인이 직접 여러 모스크를 방문하며 학생을 가르치고 교육을 감독했다. 또한 이슬람교를 믿는 여러 부족에게 경전인 『쿠란』을 가르치는 교사를 보냈는데, 이들을 아흘 알 일름, '지식이 있는 사람'이라고 불렀다.

9세기 무렵에는 모든 모스크에 초등 교육을 위한 학교가 생겼다. 대부분의 아이들은 6세가 되면 사원에 딸린 초등학교에 다녔다. 수업료는 무료이거나, 부담되지 않을 정도였다. 우선 글을 읽고 쓰는 법을 배운 다음 『쿠란』과 산수를 익혔다.

사원에서 독립한 학교

10세기 무렵부터 학교는 모스크에서 독립했다. 1066년 바그다드에 별도의 학교 건물을 갖춘 최초의 학교 니자미야가 생겼다.

15세기 무렵에는 도시의 모스크를 중심으로 병원, 학교, 공동 식당, 기숙사 등이 모여 있는 퀼리예라는 학습 단지가 만들어졌다. 단지 내에서는 무료로 식사를 제공했고, 의료 기관이나 숙소도 이용할 수 있어서 많은 사람이 혜택을 받았다.

이슬람에서는 학교의 위치를 까다롭게 정했고, 학교 건축에 많은 돈을 들였다. 교육 기관을 세우는 데 드는 돈은 와끄프라고 불리는 재단에서 나왔다. 이 돈으로 교사의 봉급, 기숙사 비용, 식사 비용, 장학금까지 냈다.

고등 교육 기관, 모스크 대학교

이슬람의 최고 교육 기관은 모스크와 뗄 수 없는 관계였다. 사업으로 성공한 아버지로부터 많은 재산을 물려받은 파티마 알 피흐리(800?~880?)는 전 재산을 모스크와 학교를 설립하는 데 기부한다. 이 돈으로 859년에 세워진 알 까라윈은 세계에서 가장 오래된 대학으로 지금도 운영되고 있다. 알 까라윈은 처음에는 종교학과 정치학을 가르쳤고 점차 자연과학으로 교육 범위를 넓혔다. 천문학, 신학, 법, 수사학, 수학, 지리학, 의학, 화학 등을 가르쳤는데, 특히 천문 관측기구가

알 까라윈 대학(왼쪽)과 알 아즈하르 대학(오른쪽)

잘 갖추어져 있는 것으로 유명하다.

이러한 모스크 대학에는 외국에서도 많은 유학생이 찾아왔다. 970년 이집트 카이로에 세워진 알 아즈하르 대학도 오랜 역사를 가진 뛰어난 대학으로 유명했다. 눈의 구조, 빛의 반사와 굴절 등의 이론을 발표한 알 하이삼(965~1040)과 이슬람사를 연구한 이븐 칼둔(1332~1406) 같은 위대한 학자가 이 대학에서 학문을 가르쳤다. 순수 학문 외에도 장사, 목공, 농사, 어업, 건축, 신발 제조, 재단, 항해술 등 전문 직업을 갖는 데 필요한 지식을 가르치는 대학들이 있었다.

이슬람의 교사

이슬람 문화에서 교사는 매우 존중받았다. 다음과 같은 시가 전해질 정도였다.

"교사를 향해 일어나서 경배하라. 왜냐하면, 교사는 거의 예언자(성인)라 할 수 있기 때문이다. 인격과 지능을 만들고 기르며 발달시키는 사람보다 더 위대하거나 더 훌륭한 사람을 본 적이 있는가"

특히 예언자 무함마드가 교육을 관장하고 직접 가르치기도 했기 때문에 이후의 지배자들도 교사를 존중했다.

유교와 과거제도 중심의
중국 교육

학교 제도의 기본 구조, 국립학교인 관학

한漢 왕조에서 기본적인 교육제도의 틀이 만들어지고, 유교가 나라의 중심 사상으로 자리 잡은 이후, 중국의 학교와 교육의 큰 틀은 20세기까지 변하지 않았다.

학교는 기본적으로 나라에서 운영했다. 중국의 왕조는 수도에 최고 교육 기관인 국자감國子監을 세웠다. 국자감은 국립 종합대학이라고 할 수 있는데, 국자감 안에는 학문의 분야에 따라 서로 다른 여러 학관이 있었다. 마치 지금의 국립 종합대학 안에 인문대학, 사회과학대학, 자연과학대학, 공과대학 등의 단과 대학이 서로 다른 분야의 학문을 가르치는 것과 비슷하다. 가장 중요한 과목은 유학 경전과 관련된 것이었지만 수학, 천문, 역법, 회계, 법률 등을 가르치는 학관도 있었다.

관학은 나라에 필요한 관리를 키워내는 학교였기 때문에 일정 수준 이상의 공부를 마친 이들이 공부하는 곳이었다. 입학하기 위해서는 시험을 통과해야 했고, 국자감을 졸업하면 관리가 될 수 있었다.

지방에도 국립학교가 설립되어 유교 중심의 교육을 했고, 의학이나 병법과 무술 등 무학을 가르치는 학교도 있었다. 학문과 교육에 관한 일을 관리하는 부서에서는 각 지역을 다니며 교사와 학생들을 평가하고 감독했다.

중국의 사립학교, 사학

관학은 지역에 따라 없는 곳도 많았고 입학 정원도 제한되어 있었다. 그래서 교육받기를 원하는 사람들은 사학으로 몰렸다. 국가에서도 학문과 예절을 가르치는 것을 중요시해서 학교 설립을 권장했기 때문에 사학은 널리 퍼졌다.

사학에는 어린아이에게 기초적인 읽기, 쓰기를 가르치는 초등 사학과 어느 정도 공부를 한 사람을 대상으로 더 어려운 내용을 가르치는 고등 사학이 있었다. 초등 사학의 교사는 아이들을 가르칠 만한 실력을 갖춘 사람을 마을에서 초청해서 고용했고, 고등 사학은 이름 있는 학자나 은퇴한 관리가 직접 사학을 세워서 가르치는 경우가 많았다.

지방 각처에 생겨난 서원은 중요한 사립학교였다. 서원은 원래 훌륭한 유학자의 위패를 모시고 제사를 지내면서 그 지역 학자와 학생들이 모여 서로 토론을 하는 장소였다. 그러나 시간이 지나며 점차 학교의 역할을 하게 되었고, 훌륭한 학자를 길러내면서 유학이 발전하는 데 크게 기여했다.

과거제도가 학문 발전에 미친 영향

중국 교육에 가장 큰 영향을 미친 것은 과거제도였다. 학교 교육의 목표는 과거 시험에 합격하는 것이었고, 또 과거를 보려면 반드시 국립학교인 관학에 입학해야 했기 때문에 학교에 입학하는 것 자체가 과거 시험의 일부분이었다. 과거제도는 학생들에게 학습 동기를 불러일으켰지만, 대부분의 학생들이 시험 합격만을 중요시하는 바람에 학문 발전에 나쁜 영향을 끼치기도 했다. 시험 문제로 잘 나오는 교과서가 있어서 과거를 준비하는 사람은 모두 이 책으로만 공부했고, 다른 책은 잘 보지 않았다. 또, 명나라 때부터는 과거 시험의 답을 쓸 때는 팔고문八股文이라는 엄격한 규칙을 따라야 했다. 팔고문은 비슷한 구절이 짝을 이루는 대구법으로 문장을 쓰고 기, 승, 전, 결 구조를 지키며, 유교 성현의 어투를 따르는 식이었다. 학생들은 공부하는 내용보다 답안을 쓰는 형식을

북송의 과거 모습

익히기 위해 힘을 쏟았다. 답안에 반드시 써야 하는 내용도 있었기 때문에 갈수록 과거 시험 답안지가 비슷해져 시험에 응시한 사람들의 실력을 평가하기도 힘들어졌다. 이처럼 엄격한 제약 때문에 과거 공부는 배움의 폭이 좁았고, 사상과 학문의 발전을 방해하는 결과를 낳기도 했다.

교사의 지위와 교육 현실

당시 중국에도 교사의 중요성은 널리 알려져 있었다. 당나라의 유명한 정치가이자 사상가인 한유(768~824)는 "사람은 태어나면서 모든 것을 알지 못하기 때문에 가르치는 교사가 필요하다"라고 이야기했다. 또 유종원(773~819)이라는 시인은 "진리를 알기 위해서는 반드시 스승이 필요하다"며 "만일 스승이 없었다면 내가 어떻게 성장할 수 있었을까?"라고 했다.

하지만 현실은 달랐다. 국립학교 교사는 관리 중에 선발해 나라에서 임명했다. 과거에 합격해 관리가 되면 처음에는 여러 행정 부서에서 일하는데, 나이가 너무 많거나 능력이 부족해 승진을 못 하는 사람이 주로 교사로 임명되었다. 그래서 잘 가르치려는 의욕이 없고 자질을 갖추지 못한 교사가 많았다. 한번 교사가 되면 관직을 그만둘 때까지 계속해야 했기 때문에 다른 관리들도 교사를 천시했으며 대우도 나빴다. 학생들도 국립학교의 교사를 스승으로 생각하지 않고, 과거 시험의 문제를 내고, 감독하는 시험관을 스승으로 삼았다. 그래야 이후 높은 자리의 관직에 올라갈 때 도움을 받을 수 있었기 때문이다. 게다가 지방 학교에는 한 학교에 교사가 2~3명 정도로, 학생 수에 비해 교사의 수가 적어 제대로 가르치기도 힘들었다. 관학에 임명된 교사를 박사라고 했다. 이들은 관리였지만 계급이 낮았고 봉급도 적었다. 오죽하면 당나라의 유명한 시인 두보가 그의 시에서 "광문 선생은 끼니도 제대로 못 먹는다"라고 읊었을 정도이다.

　이런 환경에서는 제대로 교육할 수 없었다. 학생들도 학교에 잘 나가지 않았고, 오히려 사립학교인 서원에서 공부했다. 관학에 입학한 다음에 치르는 시험 성적이 좋으면 국자감에 갈 수도 있었다. 하지만 국자감에 입학해도 결국 과거 시험을 통과해야 관리가 되는 것은 마찬가지였다. 그래서 아무도 관학에서 공부하려고 하지 않았고, 관학에서의 시험 성적에도 신경 쓰지 않았다. 결국, 관학은 과거 시험이 성할수록 쇠락하게 되었다. 교육제도를 아무리 잘 만들어도 실제 가르치는 교사를 길러내는 데 소홀하고, 배우는 환경이 마련되지 않으면 실패한다. 입시 열기가 높아질수록 공교육이 죽어가고 사교육은 흥하는 현재 상황과도 비슷하다.

고려와 조선의 교육

● 고려

고려의 고등 교육 기관, 국자감

고려는 유학을 통치이념으로 삼고 학교 제도 또한 그에 따라 바꾸었다. 우선 수도에 국립대학 격인 국자감을 만들었다. 국자감은 시대를 거치면서 국학, 성균감, 성균관 등 여러 가지 이름으로 불렸다. 유학을 가르치는 학관과 전문 기술을 가르치는 학관이 있었고, 과정마다 입학 자격은 조금씩 달랐다.

하지만 국자감은 크게 발전하지 못했다. 고려는 외적의 침입을 막아내기 위해 막대한 돈을 써야 했기 때문에 국자감에 많은 지원을 할 수 없었다. 또한, 당시에는 과거 시험에 합격해서 관리가 되고 싶어하는 사람이 많았는데 국자감에서 공부를 해도 과거 시험 합격에 크게 유리하지 않아 인기가 많지 않았다.

사립학교, 사학의 발전

과거 시험을 출제, 감독했던 사람들이 직접 사학을 세우기도 했다. 당시 학식과 덕망이 높았던 최충(984~1068)은 높은 관직을 두루 거치고 은퇴한 후 자기를 따르는 학생들을 모아 문헌공도文憲公徒라는 사학을 설립했다.

고려의 수도였던 개경을 중심으로 12개의 사립학교가 있었는데 이를 십이공도라고 한다. 십이공도에서는 과거에 합격한 사람 중 우수한 사람을 교사로 삼아 학생에게 과거 시험에 합격하기 위해 필요한 공부를 집중적으로 시켰다. 국학보다 시설도 좋았고, 과거 합격자도 많이 나왔기 때문에 귀족이나 부유층은 십이공도에서 공부하기를 원했다.

사학의 인기는 날로 커졌고, 반면 국학인 국자감의 인기는 떨어졌다. 이에 고려는 국자감의 시설을 수리하고 교육 과정도 개선했으며 사학에는

북한 개성에 남아있는 고려 시대의 성균관, 국자감은 성균관으로 이름을 바꿨다.

여러 가지 제약을 가하면서 국학이 발전할 수 있도록 노력했다. 그러나 무신의 난, 몽골의 침략 등 나라 안팎의 시련으로 인해 노력은 결실을 얻지 못했다.

초·중등 교육을 담당한 서당, 향교, 학당

국자감과 십이공도가 고등 교육 기관이었다면 초·중등 교육 기관으로는 서당과 향교, 학당이 있었다.

서당은 고려 시대에 등장해서 조선 시대에 크게 발전한 초등 교육 기관으로, 일반 백성에게 문자를 읽고 쓰는 법부터 가르치는 학교였다. 향교와 학당은 중등 교육을 담당했는데, 향교는 지방에 세워진 국학으로, 배우는 내용과 방식은 국자감과 비슷했다. 수도에는 학당이 있었는데, 이는 국자감의 부속 학교였다.

고려 시대 교사의 지위와 자질

교육을 나라가 주도했기 때문에 교사의 지위도 분명하게 정해져 있었다. 교사는 유학을 가르치는 사람과 전문 기술을 가르치는 사람으로 나뉘었으며 박사와 조교라는 하급 관리로 임명되었다. 고려의 관직은 제일 높은 정 1품부터 제일 낮은 종 9품까지 총 18등급이었는데, 유학 박사는 정 7~8품, 기술 계통 박사는 종 8~9품, 조교는 종 9품이었다. 고려 시대에는 국자감뿐 아니라 지방의 관학에도 교사를 파견했다.

교사는 학생이 바른 마음으로 학문을 익혀, 배운 바를 실천하도록 했다. 좋은 교사가 되기 위한 자격으로는 문장이 뛰어나고 학문이 깊을 것, 덕이 있고 행실이 발라 타인의 모범이 될 것, 부지런하고 민첩할 것 등이 있었다. 그 중에서도 교사의 덕이 높아 학생들에게 모범을 보이는 것이 무엇보다 중요했다. 덕이 있으면 재주가 부족해도 착한 관리가 될 수 있지만, 재주가 많고 덕이 부족하면 나쁜 관리가 된다고 생각했기 때문이다.

구체적인 교사 평가 방법

교사는 매년 근무 일수, 근무 태도, 업적, 품행을 평가받았고 결과에 따라 승진이나 포상이 결정되었다. 교사를 평가하는 기준은 가르치는 학생의 수, 가르친 과목의 수, 과거 응시자 수, 총 근무 일수 등이었다. 학생 수가 10명 이하이거나, 가르친 과목 수가 적거나, 과거 응시자가 없거나, 근무 일수가 기준보다 적으면 나쁜 평가를 받았다. 평가 결과가 좋으면 특별 승진이나 포상을 받았고 나쁘면 벌을 받았는데, 자기가 맡은 고을에서 과거 시험 응시자가 한 명도 없으면 임기가 끝났어도 과거 시험 응시자가 나올 때까지 다른 곳으로 가지 못하기도 했다. 교사의 자질 중 제일 중요한 것이 '덕'이긴 했지만, 실제로 평가하고 상을 줄 때는 재주나 업적을 기준으로 했기 때문에 교사들은 "백성에게 덕을 베푸는 것보다 성급히 공을 세우려고 한다"라는 비판도 많이 받았다.

● 조선

조선의 국립학교

· 성균관

조선의 최고 교육 기관은 성균관成均館이었다. 성균관에서는 유교 사상을 주로 가르쳤고, 관리를 양성했다.

성균관에는 중등 교육 기관인 학당도 있었다.

성균관

고려 시대에 지방 교육 기관으로 만들어진 향교는 조선 시대에 이르러 전국 행정 구역 단위로 설치되었고, 중앙에서 교사를 파견했다.

전문 기술을 가르치는 학교도 있었는데, 실제 해당 업무를 하는 관청에서 학교를 운영했다. 중국어, 일본어와 같은 외국어 교육은 통·번역 일을 하던 관청인 사역원에서 맡았고, 의학 교육은 의료 기관이었던 전의감과 혜민서에서 담당했다. 무술과 군사학은 훈련원, 법률을 가르치는 율학은 형조, 수학을 가르치는 산학은 호조에서 맡았다.

조선 관학의 교사

조선 시대에는 성리학의 이념에 따라 교육을 중시했지만, 교사의 직위는 고려 시대와 다름없이 낮은 편에 속했다. 학당이나 향교의 교사인 교수와 훈도는 낮은 등급의 관리였다. 『조선왕조실록』에는 "교수, 훈도는 사람들이 모두 천하게 여기므로 선비들이 수치로 여긴다"는 기록도 있다.

율곡 이이(1537~1584)는 "지금의 학교와 교관으로는 인재가 배출되기 어렵다"라고 하며 교관의 직위와 자질을 높여야 제대로 된 교육이 이루어질 것이라고 지적했다. 그러나 조선은 학교 교육 자체의 질이 낮아지는 문제를 고치지 못했다. 교사로 임명된 사람들은 빨리 다른 관직으로 옮기고 싶어 했다. 교사로 임명되면 반드시 30개월은 근무하도록 정했지만 제대로 지켜지지 않았다.

지방 향교의 교사로 임명된 사람은 자신이 낮은 자리로 쫓겨났다고 생각할 정도였다. 시골에서는 교사가 천민에게 수모를 당하기도 하는 형편이어서, 실력이 있는 사람은 지방 향교의 교사를 할 바에 관직을 그만두기도 했다. 그리하여 15세기 후반 향교의 교사는 양반이 아닌 상민인 경우도 많았고, 아예 글을 모르는 사람도 있었다.

조선의 사학, 서당과 서원

초등 교육을 위한 사립학교로는 서당이 있었다. 서당은 향교나 학당 같은 중등학교에 진학하기 전에 알아야 하는 읽기, 쓰기를 비롯한 기본 지식을 가르쳤는데 서당을 세우는 데는 특별한 자격이나 나라의 허락이 필요하지 않아서 뜻이 있으면 누구나 차릴 수 있었다. 시설도 특별한 것 없이 집에 학생들을 모아 가르쳤다. 서당의 교사를 훈장訓長이라고 했고, 학생은 보통 7~8세의 아이였지만 때로는 20세가 넘는 사람도 있었다.

높은 수준의 교육을 했던 사립학교는 서원이었다. 서원은 원래 성현의 제사를 지내는 목적으로 설립되었지만, 유학을 가르치는 역할도 겸했다. 우리나라 최초의 서원은 1534년 주세붕이 세운 백운동서원인데, 1550년 이황의 건의로 왕으로부터 소수서원이라는 현판*을 받아

소수서원 문성공묘

나라에서 공식적으로 인정받았다. 이처럼 공인받은 서원은 학원의 간판이나 다름없는 현판을 나라에서 받았기 때문에 사액서원이라고 한다. 서원은

* 글자나 그림을 새겨 문 위나 벽에 다는 널빤지 조각

조선 중기에 전성기를 맞이하고, 향교에서 공부하던 학생들도 서원으로 옮겨 향교는 점차 제 기능을 하지 못하게 된다.

조선 사학의 교사

서원은 실력 있는 학자가 고등 교육을 하는 곳이었기 때문에 입학생도 이미 어느 정도 공부한 사람들이었다. 서원에는 다른 사람이 기증한 토지, 왕실에서 내려준 재산이 있었고, 지방 관청에서도 생필품과 먹을 것을 지원해서 살림이 풍족했다. 당연히 학생들은 관학인 향교보다 서원에 다니고 싶어 했고, 향교는 갈수록 쇠퇴했다.

초등학교 교사 격인 서당의 훈장은 주로 지방의 몰락한 양반이나, 중인 신분의 가난한 지식인이었다. 서당은 마을마다 부유한 사람들이 돈을 모아 차리는 경우가 많았는데, 훈장은 교사로 고용되었다. 역량과 자질은 고르지 않아, 아주 뛰어난 사람이 있는가 하면 형편없는 훈장도 있었다.

과거제도와 교육

과거 시험에 합격해야만 출세가 보장되고, 양반의 지위를 유지할 수 있었기 때문에 과거 시험 과목이 바로 학교의 교과 과목이었다. 성균관, 학당, 향교는 시험 준비를 위한 곳이 되었고 '스스로 닦아 남을 교화한다'는 유학 교육의 근본 목적과 멀어졌다. 조선 후기로 갈수록 여러 학자가 과거제도의 문제점을 지적하고 새로운 인재 선발 방식을 도입하자고 주장했지만, 과거제도는 1894년 갑오개혁 시기까지 계속되었다.

실학과 교육

조선 후기에 실생활에 도움이 되는 실용적인 학문을 공부해야 한다고 주장하던 실학자들은 과거제도를 없애거나 많은 부분 고쳐야 한다고 주장했다. 그들은 과거제도 대신 추천과 시험을 병행해서 인재를 선발해야 한다고 주장했다. 학교에서도 중국 경전 위주가 아니라 우리나라 사람이 쓴 역사서와 문학을 가르치고, 수학, 농업, 방직, 군사, 의술 등 기술 교육을 해야 한다고 강조했다. 또한, 신분의 차별 없이 누구나 초등 교육을 받아야 한다고 주장했다. 하지만 실학자들은 대부분 정치권력과 먼 학자들이었기 때문에 실제 정책에는 반영되지 못했다. 그들의 주장은 19세기 후반, 서양의 문물을 받아들이는 개화 사상가들에 큰 영향을 미쳐 우리나라의 근대화에 이바지했다.

유형원의 교육 개혁안

유형원(1622~1673)은 실학의 학문적 체계를 세운 사람이다. 유형원은 자신의 책 『반계수록』에서 교육을 어떻게 바꿔야 하는지 자세히 이야기하고 있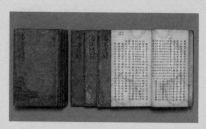

유형원의 반계수록(서울역사박물관)

다. 그는 당시 성균관, 향학, 서원, 서당 등 수준이 다른 여러 학교를 오늘날의 교육 과정처럼 하나로 이어지게 해야 한다고 생각했다. 또 지금의 학교생활기록부처럼 학교에서 기록한 내용이 뛰어난 학생은 과거 시험을 보지 않고도 관리로 등용할 것을 주장했다.

교육개혁을 주장한 실학자들의 주장은 대부분 유형원의 의견을 기반으로 하고 있다. 하지만 그의 생각이 실현되기까지는 200여 년이 더 걸렸다.

3장

새로운 학문과
변화하는 교육

사회의 변화와 학문의 발달로 교육과 교사의 모습이 완전히 변화

하였다. 사람들은 교육이란 교사와 학생 간에 서로 주고받는 것

이라고 생각하기 시작했다. 그래서 교사와 학생의 심리를 연구해

서 최고의 효과를 내는 교육 방법을 찾으려 했다. 교사는 학생들

의 마음과 행동을 잘 이해하기 위해 전문적인 교육을 받았다.

산업화 시대 이후의
서양 교육

산업화 시대가 도래하다

18~19세기에는 기술이 발달해 증기 기관, 방직기 등이 발명되었다. 새로운 기계들로 인해 이전과는 비교할 수 없을 만큼 많은 양의 상품을 생산할 수 있게 되었다. 생산량이 늘면서 경제가 크게 성장했으며, 사회 전체적으로 큰 변화가 일어났다. 이러한 시기를 산업화 시대라고 한다.

산업화 시대에는 국가의 주권이 국민에게 있다는 민주주의 사상이 본격적으로 자리를 잡기 시작했고, 사람들은 인간의 이성을 신뢰하고, 인간이 스스로 운명을 개척할 수 있는 존재라고 믿기 시작했다. 이와 같은 새로운 변화에 발맞추어 교육도 큰 변화를 맞이하게 된다.

과학과 기술을 중심으로 가르치다

산업화가 진행되면서 공장이 밀집된 대도시가 생겨났다. 공장에서는 기계를 다룰 수 있는 노동자가 필요했다. 기계를 잘 다루기 위해서는 읽기, 쓰기, 셈하기 외에도 더 복잡한 지식을 갖춰야 했다. 돈을 벌기 위해 노동자들이 도시에 몰려들자, 자연스럽게 이들이 필요로 하는 것들을 제공하는 사람들도 도시로 모여서 도시 인구는 계속 증가했다.

부지런히 일해서 돈을 번 여유 있는 사람도 늘어났다. 경제적인 여유가 생긴 중산층은 자식이 좋은 교육을 받고, 직업에 필요한 지식과 기술을 배우기를 원했다.

합리적 이성에 대한 사람들의 신뢰가 커지고 과학기술이 발전하면서 학교 수업의 내용도 달라졌다. 과학기술 과목을 중요시하는 실업학교(레알슐레)가 김나지움이나 문법학교처럼 고전 과목을 중심적으로 가르치는 학교를 대신하기 시작했다. 실업학교의 목적은 기술자와 공무원을 길러내는 것이었다.

미국에서도 교회의 영향을 받는 학교들이 빠르게 줄어들고, 공공의 지원을 받는 학교가 늘어났다. 특히 19세기 중반부터 공립 고등학교를 만들어 지리학, 수학, 생물학 등의 과학 관련 과목 뿐 아니라 목공, 인쇄와 같은 직업교육도 시켰다. 하지만 본격적인 직업교육은 사립 직업학교에서 이루어졌다. 공장에서 일할 좋은 노동자를 길러내는 것이 교육의 중요한 목적이 되면서 종교교육은 거의 사라졌고, 19세기 초반부터는 초등학교에서 종교에 대해 가르치지 못하도록 했다.

근대 국가의 발전과 교육의 변화

봉건제가 무너지고 등장한 근대 국가의 교육제도는 이전과 크게 달라졌다. 대표적인 예시로 유럽 중북부에 세워진 프로이센(오늘날 독일)은 18세기 유럽의 강대국이었는데 프로이센의 왕 빌헬름 1세는 1716년 초등학교 의무교육을 시행했다. 그의 아들인 프리드리히 대왕은 수많은 나라와 전쟁을 치르는 와중에도 교육에 관심을 가지고 새로운 교육정책을 폈다. 1763년에는 의무교육을 더욱 강화해서 5~14세의 아이들은 반드시 마을 학교에 다녀야 했고, 이를 위반하면 보호자가 벌금을 내야 했다. 이러한 의무교육 제도는 19세기에 이르러서 유럽 모든 나라의 표준이 되었다.

또한, 프랑스 혁명 이후에는 모든 사람이 평등하게 태어나 자신이 원하는 일을 할 수 있다는 생각이 널리 퍼지면서 누구나 차별 없이 교육받을 수 있는 학교 제도가 만들어졌다. 이는 모든 사람이 평등하게 자기의 권리를 행사하는 민주주의의 기본원리로 발전했다.

국가를 다스리기 위해 이용된 교사

유럽의 국가들은 영토를 넓히고 더 많은 자원을 차지하려 했다. 다른 국가와의 경쟁에서 이기려면 순순히 국가의 명령을 따르는 국민이 필요했다. 국가는 교육을 활용해 이러한 국민을 키워 냈으며, 교사는 목적 달성에 중요한 역할을 했다. 프로이센에서는 교사를 가르치고 훈련하는 데 힘을 쏟았다. 프로이센에서는 18세기에 최초로 교육학을 대학의 전공 분야로 정하였으며, 교사를 양성하는 전문 교육 기관도 세웠다. 교사가 되려면 반드시 전문 교육 기관에서 공부해야 했는데, 그곳에서 국가가 추구하는 교육 목적을 습득하고, 목적에 맞는 교육 방법을 배웠다. 한편, 프로이센에서는 퇴역 군인을 가장 훌륭한 교사라고 생각했다. 퇴역 군인은 이미 군대에서 국가에 대한 충성과 규율에 대한 복종, 각종 기술을 배웠기 때문에 따로 교육을 받지 않고 교사가 될 수 있었다.

교사의 전문성과 지위 변화

사람의 마음과 행동을 연구하는 심리학이 새로운 학문으로 발전하면서 학생의 마음과 행동을 고려한 교육 방법이 개발되었다. 사람들은 초등 교육이 학생의 장래에 큰 영향을 미친다는 사실을 알게 되었고, 초등 교육에서는 가르치는 내용보다 가르치는 방법이 더욱 중요하다는 것도 알게 되었다.

그로 인해 이전까지 특별한 전문성을 필요로 하지 않았던 초등 교육 담당 교사도 전문적인 훈련을 받게 되었다. 전문적인 교육을 받은 교사에 대한 수요가 늘자, 교사의 경제적 수입과 사회적 지위도 높아지기 시작했는데, 19세기 말에는 교직에 대한 처우가 눈에 띄게 좋아졌다.

1800년대의 공립교육

교사를 가르치는 사범학교

국가가 국민의 교육을 책임지고, 교사를 엄격히 훈련해 교육의 질을 높였던 프로이센은 19세기 유럽의 신흥 강국이었다. 이에 다른 나라들도 프로이센을 따라 하기 시작했다.

프로이센의 경쟁국이었던 프랑스는 나폴레옹이 황제로 다스리던 1810년에 고등사범학교를 세워 중등학교와 대학에서 가르치는 교사를 훈련했다. 이후 교육대학을 만들어 초등학교 교사를 양성했다. 나폴레옹은 국가에서 지원하는 교육의 역할이 황제에게 충성을 다하는 시민을 만드는 것이라 생각했다. 그래서 학생과 교사는 학교에서 군대와 같은 엄격한 규율을 따라야 했다. 학교는 군대의 축소판이었다. 학교 수업에서 가장 중요한 것은 학생에게 애국심을 불러일으키는 것이었고, 수업 내용은 정부에서 엄격하게 감독했다.

미국의 교사 교육

1839년 미국에도 사범학교가 만들어졌다. 국가에서 지원하는 사범학교는 적은 돈을 내고 교사가 되는 훈련을 받을 수 있었다. 처음에는 사범학교를 반대하는 사람이 많았다. 미국 같은 민주주의 국가에서 프로이센이나 프랑스처럼 정부 정책에 찬성하도록 학생을 가르치는 교사를 길러내는 것은 절대 안 된다는 이유에서였다. 하지만 사람들의 걱정과는 달리 미국의 사범학교는 유럽처럼 정부의 영향을 많이 받지 않았고 새로운 사상과 과학도 잘 받아들였다. 특히 학습은 반복적인 훈련보다 학생의 동기와 호기심이 중요하다는 독일의 교육학자 헤르바르트(1776-1841)의 생각을 받아들여 교육 방법을 크게 변화시켰다.

학교의 숫자가 급속히 늘어나자 교사의 일자리도 많아졌고, 교사가 되기 위해서는 직업교육 이상의 전문적인 교육을 받아야 한다는 생각도 일반적으로 자리잡았다.

헤르바르트

요한 프리드리히 헤르바르트는 교육 사상과 교육법의 발전에 큰 공헌을 한 독일의 교육자이자 심리학자, 철학자이다. 그는 교육의 궁극적 목표가 학생들에게 지식과 기술을 습득하게 하는 것을 넘어 '선량한 인간'을 만들어 내는 것이라 생각했다. 만일 교육을 받고도 선량해지지 않는다면 교사는 제 할 일을 다 하지 못한 것이다.

여성 교사의 증가

초등 교육에 관한 관심이 커지고, 초등학교가 많이 생겨나면서 여성 교사도 늘어났다. 17~18세기 영국과 북아메리카 식민지에는 부인학교라는 곳이 있었다. 부인학교 Dame School는 동네의 나이 지긋한 여성이 자기 집에 어린아이들을 모아 간단한 읽기와 셈하기를 가르치는 곳으로, 돌봄교실에 가까웠다.

유클리드의 기하학을 가르치는 여교사의 모습이 묘사된 14세기 그림

19세기에는 유치원이 많이 생겨났다. 어린아이들을 가르치려면 끈기가 있어야 할 뿐 아니라, 섬세한 돌봄이 필요했기 때문에 교육학자들은 초등 교사로 여성이 더 적합하다고 생각했다. 또한, 당시에는 여성이 남성보다 지적인 능력이 떨어진다고 믿었기 때문에 여성 교사가 어려운 과목을 가르치는 중등 교육보다는 초등 교육을 가르치는 데 적합하다고 보았다. 현실적으로 여성은 남성보다 고등 교육을 받기 어려웠고, 직장을 구하기도 힘들었기 때문에 여성도 초등학교 교사를 선호했다. 학교도 남성보다 적은 월급으로 채용할 수 있는 여성 교사를 좋아했다. 하지만 19세기 말이 되면 남성 교사와 여성 교사의 월급 차이는 거의 없어진다.

변화가 시작된 시대

교육이 바뀌기 시작하다

19세기는 서양의 교육과 교사 직업에 커다란 변화가 일어난 시기였다. 심리학을 교육에 도입하여 학생의 마음과 행동을 이해하기 위해 노력하였고, 혁신적인 교육 방식도 개발되었다.

그러나 변화는 일부에만 머물렀다. 여전히 많은 교사가 학생들에게 체벌을 가하고 엄격히 통제했다. 나이와 수준에 따른 학년 구별 없이 모든 학생이 한 반에서 공부하는 학교가 많았고, 교과서를 외우는 것이 교육의 전부인 경우가 많았다. 자연과학과 사회과학, 체육과 음악, 미술 등 새로운 과목이 생겨났지만 여전히 라틴어와 종교교육을 모든 학습의 기초로 여겼다.

교사를 양성하기 위한 과정이 개발되고, 교사를 위한 학교도 늘어났지만, 여전히 많은 교사가 전문적인 훈련을 받지 못했다. 초등학교 교사는 초등학교 교육보다 아주 조금 더 높은 수준의 교육을 받을 뿐이었다. 교사의 급여 또한 이전에 비하면 많이 올랐지만 다른 직업과 비교하면 적은 편이었고, 사회적 지위도 높지 않았다.

체벌을 받는 아이의 모습(1888)

미국으로 옮겨간 변화의 중심

20세기에 접어들고 두 번의 세계대전을 치르면서 서양의 주도권은 차츰 유럽에서 미국으로 옮겨갔다. 2차 세계대전 후에는 미국을 중심으로 한 세력과 사회주의 연방 국가 소련을 중심으로 한 세력이 서로 대립했다. 미국 중심 세력이 전 세계적으로 주도권을 잡게 되면서, 독재 국가와 권위적인 체제의 정부는 줄어들었다. 큰 전쟁을 치르기는 했지만, 과학과 기술의 발달로 인류는 지금까지 경험하지 못한 풍요로운 환경을 누리게 되었다.

진보적 교육의 시작

교사의 역할을 새롭게 정의해 진보적 교육의 토대를 만든 대표적인 학자로는 존 듀이(1859~1952)가 있다. 미국의 철학자이자 교육학자였던 존 듀이는 학생이 교사의 지시를 그대로 흡수하여 수동적으로 따르는 것이 아니라 경험을 통해 배우는 것이 중요하다고 생각했다. 그래서 교사는 학생의 탐구를 안내하는 사람이라고 주장했다. 그는 미국 시카고 대학에 실험학교를 만들어 자신의 이상을 실현했다.

윌리엄 킬패트릭(1871~1965)은 존 듀이의 주장을 받아들여 학생들에게 흥미를 일으킬 수 있는 과제를 제시하는 교육 방법을 사용했다. 예를 들어 농촌 지역 학교에서는 학생에게 밭 일부를 경작하게 하는 과제를 냈다. 이 과제를 달성하려면 학생은 스스로 토양과 씨앗에 관해 공부해야 하고, 1년쯤 지나면 농사에 대한 상당한 지식과 기술을 자연스럽게 습득했다.

여전히 교육을 도구로 이용하는 국가

20세기가 되어서도 여전히 많은 국가가 사람들에게 애국심, 단결, 혹은 국가 차원의 우월감을 심어주는 도구로 교육을 이용했다. 1930년대 독일을 장악했던 히틀러는 정치적 선전 도구로, 또 인종적 편견을 주입하기 위해 교육을 이용했다. 교과서도 자신의 의견과 일치하는 것만 허용했고 자신의 마음에 드는 사람만 교사로 뽑았다.

때로 민주주의 국가에서도 교육은 국가 정책 실현을 위한 방편이 되기도 했다. 1950~1980년대에는 전 세계가 자본주의 국가와 공산주의 국가로 나뉘어 경쟁했는데, 양 진영의 대표적인 나라는 미국과 소런이었다. 1957년, 소련이 최초로 인공위성 발사에 성공하자 미국 정부는 학교와 교사의 교육 방식 때문에 소련과의 기술 경쟁에 뒤처졌다고 탓했다. 그리고 소련에게 뒤처지지 않았다는 것을 증명하기 위해 과학과 수학 교육을 강화했다. 또한, 미국은 베트남 전쟁에서 패한 뒤 교사들이 미국 젊은이에게 애국심을 가르치지 못했다고 비난하기도 했다.

교직의 전문화

교사는 전문직으로 자리 잡기 시작했다. 거의 모든 대학에 교사 양성 과정이 생겨났고, 초등학교 교사가 되기 위해서도 대학을 졸업해야 했다. 교사가 되기 위해서 반드시 배워야 하는 과목도 생겨났다. 학교 도서관 사서, 상담 교사처럼 학교에서 일하는 전문 직업을 가지기 위해서도 교육에 관해 배워야 했다.

사람들은 대부분 교사가 공공의 이익을 위해 봉사하는 직업이라고 생각했다. 교사는 학생의 모범이 되어야 하기 때문에 현실적인 갈등과는 거리를 두어야 한다고 생각하는 사람들도 많았다. 하지만 20세기에는 현실의 직업인으로서 교사의 권리를 지키기 위한 노동조합이 만들어졌다.

초 · 중등 교육을 담당하는 교사와 대학 이상의 고등 교육을 담당하는 교수의 구분도 명확해졌다. 초 · 중등 교육에서는 학생에게 학습의 동기와 흥미를 불러일으키는 것이 중요했다. 하지만 고등 교육으로 갈수록 전문 지식을 잘 알려주는 것이 중요했다. 그런 이유로 교수는 '잘 가르치는' 방법보다는 자신의 전공 영역에서 깊이 있는 지식을 쌓는 데 더 집중하기 때문에 교사보다는 학자에 가깝다고 볼 수 있다.

서양의 교육제도를 받아들인 20세기의 중국

중국 교육의 변화

중국은 19세기 해외 열강의 침략에 패배하여 자국의 영토와 권리를 잃었다. 세계에서 가장 강하고 문화적으로도 뛰어난 나라라고 자부하던 중국은 큰 충격을 받았다. 중국은 그 후 서양의 문화와 제도를 적극적으로 받아들였고 교육제도 역시 뿌리부터 바꾸었다.

1862년부터는 외국어와 군사, 과학기술 습득을 목표로 하는 학당 30여 개를 만들었다. 대표적인 학당으로는 베이징에 세워진 경사동문관이 있다. 영

경사동문관 교장 윌리엄 마틴과 교수진들 (1901)

어와 러시아어, 프랑스어를 가르치는 학과가 있었고 이후 천문, 수학 등 과학기술 학과가 추가되었다. 학당은 외교와 군사 문제에 대응하기 위한 소규모의 학교였는데 주로 외국어 교육을 했고, 체계적인 교과 과정이 없었기 때문에 국가 발전에 큰 도움을 주지는 못했다.

두루 잘하는 인재보다는 전문가

중국은 전통적으로 '두루 잘하는 인재(통재通才)'를 중시했다. 과거를 통해 관리가 된 사람이라면 어떤 일이든 잘한다고 생각했기 때문에 관리들은 돌아가며 여러 분야에서 일해야 했다.

하지만 중국은 서구의 힘을 목격한 후 각 분야에서 전문성이 있는 사람이 일해야 한다는 것을 깨달았다. 또한, 초등 교육, 중등 교육, 고등 교육이 서로 연결되는 체계를 갖춰 교육을 해야 서양과 경쟁할 수 있다고 생각했다. 이렇게 교육받은 중국 사람이 없으면 전문 지식이 필요한 자리에는 서양인을 채용할 수밖에 없고, 결국 서양과 경쟁에서 밀릴 수밖에 없다고 보았다.

과거제도가 폐지되고 서구식 학교를 세우다

과거 시험에 합격하기 위한 교육으로는 새로운 변화에 적합한 인재를 길러내지 못했다. 오히려 새롭게 전파된 서양의 교육제도가 사회에 필요한 능력에 맞는 다양한 교육을 제공했다. 청나라는 1905년 과거제도를 폐지했다. 그리고 교육의 목표를 훌륭한 관리를 길러내는 것에서 전문가를 길러내는 것으로 바꿨다.

1911년 세워진 칭화대학교의 로고

학교 제도도 큰 변화를 맞이했다. 1903년에는 당 왕조 때부터 천여 년 동안 이어졌던 국자감, 관학, 사학이 서구식 학교로 바뀌었고, 1911년에는 서구식 대학도 세웠다. 교육 내용과 방식 또한 경전을 암송하던 유학 중심의 교육에서, 내용을 이해하고 새로운 것을 창조하는 과학과 기술 중심의 실용적 교육으로 바뀌었다.

칭화대학교 내부의 달빛 호수

교사 양성 방식의 변화

과거에는 관직에 있는 사람들 중에서 교사를 선발하거나, 은퇴한 관리나 학자가 교사의 역할을 했다. 그러나 교사 양성 방식에도 변화가 생겨 교사가 되기 위해서는 전문 교육을 받아야 했다.

서양의 교육제도를 처음 들여왔을 때는 새로운 학문을 가르칠 만한 중국인이 없어서 외국인을 교사로 많이 채용했다. 외국인 교사를 채용하면 학생과 말이 통하지 않아 강의 때마다 통역이 필요했고, 내용을 전달하는 데에도 어려움이 많았다. 또한, 외국인 교사는 중국의 전통문화를 잘 모르는 상태에서 서양 학문만을 가르쳤다. 이런 문제점 때문에 중국의 지식인들은 중국인 교사를 양성하기 위한 학교를 만들어야 한다고 주장했다.

1897년부터 초등 교사를 양성하는 사범학교와 중등 교사를 양성하는 고등사범학교가 세워지기 시작했다. 또한 여자 교사를 양성하는 여자 사범학교, 여자 고등사범학교도 생겼다. 나라에서 세운 사범학교를 졸업하는 사람만으로는 교사의 수가 부족했기 때문에 임시 사범학교를 만들었고, 서양 선교사가 세운 학교를 졸업한 사람 중에서도 일부가 교사로 일했다.

중화민국의 교육개혁

1911년 신해혁명이 일어나 중국의 군주제가 몰락하고 새롭게 탄생한 중화민국은 교육제도를 크게 바꾸었다. 학교는 소학교, 중학교, 대학교와 전문학교, 사범학교로 바꾸었다. 교육 대상도 성인 중심에서 아동 중심으로 바꾸었고, 주로 남성이 교육을 받았던 전과 달리 남녀 모두를 대상으로 하게 되었다. 실용적인 교육을 위한 직업교육도 강화되었다.

교사가 되고 싶은 사람은 사범학교를 졸업해야 했고 사범학교 졸업생이 아닌 경우에는 시험에 합격해야 교사가 될 수 있었다. 사범학교를 졸업한 학생은 반드시 일정 기간 동안 소학교 교사로 일해야 했다.

중학교 교사가 되려면 고등사범학교를 졸업해야 했고, 졸업 후 6년 동안은 의무적으로 교사로 일했다. 하지만 중국은 한편으로 일본과 전쟁을 하고 있었고, 또 한편으로는 마오쩌둥을 중심으로 한 공산당과 장제스를 중심으로 한 국민당이 서로 싸우느라 매우 혼란스러워서, 새로운 교육제도가 성과를 내기 힘들었다.

중화인민공화국 건국 이후

마오쩌둥의 공산당은 1949년 장제스의 국민당을 대만으로 몰아내고 중화인민공화국, 중국을 수립했다. 중국은 교육제도를 공산주의 사상에 맞도록 바꿨다. 하지만 극심한 정치적 혼란이 이어졌고 교육 환경도 매우 나빠졌다.

중국은 1980년대에 들어와서야 교육 환경을 개선하기 시작했다. 초등 교육은 의무교육으로 정부에서 책임지고, 중학교 3년, 고등학교 3년의 중등 교육을 받으면 대학에 진학할 수 있게 되었다. 대학은 전문대학, 대학, 대학원 과정이 있었다. 1980년대 이전에는 국가에서 교사를 관리했다. 학교에 교사를 배치하는 것도 국가의 역할이었는데, 교사가 되면 같은 학교에서 정년까지 일했다. 교사는 공무원은 아니지만 공산당 간부와 동일한 금액의 봉급을 받고 같은 양의 식량을 배급받았다.

1980년대 이후 중국은 경제적 측면에서 점차 자본주의 시장경제로 가는 개혁, 개방 정책을 취한다. 1990년대에 들어서면서 중국은 더는 교사를 당 간부로 여기지 않아, 학교마다 필요에 따라 자격을 갖춘 교사를 모집해서 필요한 사람을 채용하기 시작했다. 중국 대부분 지역에서 교사 모집은 학교장의 책임으로 이루어지기 때문에, 일부에서는 마음대로 교사를 해임하기도 하는 등 교사의 권리가 침해받는 일도 있었다.

지역에 따라 교사가 몰리는 현상도 심했다. 잘 사는 도시에는 우수한 교사가 몰리지만, 시골 지역에는 교사가 모자라는 형편이었다. 90년대 이후 중국은 교사 양성 및 모집 방법을 나라의 현실에 맞게 개선하고 있다.

일제 강점기를 넘어
대한민국으로

근대 학교의 수립

1883년, 강화도 조약으로 일본에 개방된 항구 원산에서 마을 주민들이 돈을 모으고, 나라의 지원을 받아 최초의 근대식 학교인 원산학사를 세웠다. 이 학교에서는 산수, 기계, 농업, 양잠, 채광, 일본어, 법률, 국제법, 지리 등을 가르쳤다.

원산학사 ⓒ국립민속박물관

또한 외국어 통역에 대한 필요성을 느낀 조선은 동문학同文學을 설립해서 통역사를 양성했고, 미국의 지

미국의 목사이자 교육자 집안에서 태어난 호머 헐버트(1863~1949)는 1884년 자원해서 조선으로 떠나 육영공원의 교사가 되었다. 동시에 대한제국에서 고종 황제의 측근으로 자문역할을 하며 미국 등 서방 국가들과의 외교 창구 역할도 했다. 1907년에는 고종의 특사 자격으로 헤이그 만국 평화회의에 참석해서 을사늑약이 일본제국의 강압에 의한 것임을 세계에 알리려 노력했다. 이후 일제의 박해로 미국으로 다시 돌아간 헐버트는 1949년 독립한 대한민국으로 다시 돌아왔고, 이 땅에서 숨을 거두었다. 1950년 대한민국 정부는 헐버트에게 건국공로훈장 태극장을 수여했다.

호머 헐버트(왼쪽)와 육영공원 수업 모습(오른쪽)

원을 받아 서구식 교육을 하는 육영공원育英公院을 세웠다. 헐버트 등 미국 출신의 교사가 영어, 수학, 지리, 의학, 농학 등을 가르쳤다.

선교사들이 세운 학교

개항 이후 많은 기독교 선교사들이 조선에 들어와서 선교의 수단으로 근대식 학교를 세우기 시작했다. 1883년부터 1910년까지 전국에 700여 개의 학교가 생겼는데 대부분 선교사들이 지은 것이었다. 대표적으로는 헨리 아펜젤러(1858~1902)가 세운 배재학당과 호러스 그랜트 언더우드(1859~1916)가 세운 경신학교, 메리 스크랜튼(1832~1909)이 세운 여성을 대상으로 하는 이화학당이 있다.

원산학사 이후 우리나라 사람들이 만든 사립학교도 1906년에 200여 개에 달했고, 새로운 학교를 통해 인권 존중, 차별 철폐 등 새로운 사상이 퍼져 나갔다.

과거의 폐지와 학교 제도 개편

1894년 조선은 갑오개혁이라는 제도 개혁을 통해 과거 시험을 폐지하고 소학교, 중학교, 전문학교, 대학으로 이어지는 근대적 학교 제도를 만들었다. 사범학교를 통해 체계적으로 교사를 배출하기 시작했고 외국어 교육, 의학 교육, 농업, 상업, 공업 등 실업 교육을 전문으로 하는 학교도 세웠다.

체계적인 교사 양성의 시작

개화기 사상가들은 교사 양성의 필요성을 잘 알고 있었다. 최초

한성사범학교

로 일본과 미국 유학을 다녀온 조선 후기의 정치사상가 유길준(1856~1914)은 정부가 실력과 행실이 적절한 인물을 선발해서 교육하고, 교사가 되면 충분한 봉급을 지급해야 한다고 주장했다.

1895년에는 정부에서 최초의 근대적 교사 교육 기관인 한성사범학교를 세웠다. 소학교도 함께 만들었는데, 한성사범학교의 졸업생은 소학교의 교사가 되었다. 소학교의 교사는 조선시대와 마찬가지로 나라의 관리였다. 그래서 한성사범학교에 입학하면 예비 관리 신분이 되며 정부에서 학비를 지원했다. 사범학교 학생은 전통 학문인 유학 외에도, 경제, 법률, 산술 등의 새로운 학문을 배웠다. 매 학기마다 시험을 봐서 성적이 낮으면 진급하지 못했고, 전 학년 시험 성적 평균이 정해진 기준을 넘어야만 졸업할 수 있었기 때문에 열심히 공부하지 않으면 졸업하기 어려웠다. 졸업생은 성적순으로 전국 소학교에 교사로 배정되었다.

교사가 되기 위한 자격시험도 있었는데, 사범학교에서 가르치는 내용으로 시험을 시행했다. 이 시험에 합격하면 교사 자격을 인정받아

관립 소학교의 교사가 될 수 있었다.

사립학교의 교사가 되기 위해서도 시험을 봐야 했는데, 시험의 내용이나 합격 기준이 학교마다 제각각이었다. 사립학교의 수가 늘어나자 교사가 부족해졌고 능력과 자질이 떨어지는 사람도 교사가 되는 일이 많아졌다. 이 때문에 학부모와 학생의 불만이 커지기도 했다.

초등 교육은 나라에서 특별히 중요하게 생각했기 때문에 소학교 교사를 양성했지만, 중등학교 이상의 교사를 양성하는 별도의 학교는 없었다. 당시 중등학교는 진학하기 어려운 고급 교육 기관이었다. 중등학교 교사가 되기 위한 특별한 자격 요건은 없었지만 자신의 전문 분야에서 인정받은 지식인들이 중등학교에서 가르쳤다.

일제 식민지 교육의 시작

을사늑약乙巳勒約 이후 일제는 1905년부터 식민지 교육을 시작한다. 일제 문물을 우리나라에 이식하고, 한국인 청소년을 일본인처럼 만드는 것이 교육의 목표였다.

1906년에는 단기 교육을 거쳐 일제의 말을 잘 듣는 하급 관리, 사무원, 노동자를 양성하기 위한 체

일제강점기 경성에 있었던 보통학교

계를 세우고자 학교 제도를 개편한다. 소학교를 보통학교로 바꾸면서 수업 기간을 6년에서 4년으로 단축했다. 중학교는 고등학교로 이름을 바꾸고 7년이었던 수업 기간을 4년으로 줄였다. 이름을 고등학교로 바꿔서 마치 고급 교육을 제공하는 것처럼 보이게 했지만, 오히려 수업 기간이 줄어드는 등 고등 교육의 기회는 줄어들었다. 일본 제국은 교육을 근대화시킨다는 명분으로 우리나라를 식민 지배하기 편하도록 교육제도를 바꾼 것이다.

일제의 식민지 교육

일제는 우리나라 사람을 일본에 동화시키기 위해서 학교에서 일본어를 필수 과목으로 가르쳤다. 모든 과목 수업 중에서 일본어 시간이 가장 많았다. 일본에서 만든 교과서에는 일본 문화가 우월하고 조선 문화는 열등하다는 내용을 실어 민족정신을 위축시켰다. 국립학교는 물론 사립학교까지 일본인을 교사로 배치해서 친일 교육을 강화했다. 사립학교에도 엄격한 규칙을 적용해서 독립 사상과 민족주의 정신을 고취하는 교사를 쫓아내고, 기독교 학교에서 성경 과목을 가르치는 것도 금지했다. 민족주의 사상을 일깨우고, 독립운동에 큰 역할을 하던 사립학교는 전부 문을 닫을 수밖에 없었다.

1919년 3월 1일 전국적으로 폭발한 3·1 독립운동은 일본 제국을 놀라게 했다. 3·1운동 이후 일본은 억압보다는 회유로 포장한 정책으로 식민지 지배를 확고히 하려 했다. 1922년, 한국인에게 '조선과 일본은 하나'라는 관념을 주입하고자 했다. 학교 제도와 이름을 일본과 같게 하고, 한국어 수업

일제강점기 군사훈련을 하는 학생들 ⓒ창원시

을 허락했지만 일본어 교육 시간을 대폭 늘렸다. 사범학교를 두어 한국인도 교사가 될 수 있었지만, 고등사범학교는 만들지 않아 보통학교 교사만 배출했다.

　3·1운동 이후 고등 교육을 통해 우리 민족의 지도자를 우리 손으로 키워내기 위해 대학을 세우자는 민립대학 설립 운동이 본격적으로 일어났다. 뜻있는 사람들이 모여 전국적으로 모금 운동을 펼쳤지만, 일제의 방해로 실패하고 말았다. 일제는 경성제국대학을 만들었는데, 일제의 식민지 지배를 정당화하는 역할을 했으며 재학생의 3분의 2가 일본인이었다.

　일제는 1937년에 중국과 전쟁을 벌이고, 1941년에는 제2차 세계대전에 뛰어들었다. 전쟁의 상황이 나빠질수록 일제의 식민지 지배는 더욱 악랄해졌다. 이러한 지배 방식은 교육에도 영향을 미쳤다. 일제는 청소년의 민족의식을 말살하기 위해 황국신민화 정책을 폈다. 역

사 시간에는 일본 역사를 가르치고, 지리 시간에는 일본 지리를 가르쳤다. 또한, 일제는 청소년을 전쟁에 강제로 동원했다. 학생들은 의무적으로 군수 물품 생산 현장에서 일해야 했고, 학도병으로 전쟁에 끌려 나갔다. 학교는 군대의 하급 기관이 되었고 학교 수업은 군사훈련 위주로 바뀌었다. 1945년 일제가 패망하고 한국이 독립할 때까지 학교 교육은 없는 것과 마찬가지였다.

일제 강점기의 사범학교와 교사

교육정책은 결국 교사의 손에서 실행되기 때문에, 이 시기 사범학교는 한국인을 일본화 시키기 위한 전위대*를 길러내는 곳이었다. 교사의 가장 중요한 역할은 일본 제국주의에 충성하는 사람을 만들어 내는 것이었다. 일제는 이를 위해 사범학교를 많이 지원했다.

사범학교는 수업료가 없었기 때문에 우수한 인력이 많이 모여들었다. 고등학교의 학비는 너무 비싸서 보통 사람은 가기 어려웠다. 그래서 똑똑하지만 가정형편이 어려운 학생들이 사범학교에 많이 지원했다. 졸업하면 교사로 취직이 보장되었기 때문에 사범학교의 경쟁률은 매우 높았다.

사범학교에서는 교사가 되기 위한 전문 지식으로 교육학, 심리학 등

---

* 군부대가 이동 할 때 맨 앞에서 진로를 방해하는 장애물을 제거하는 임무를 맡은 부대

을 가르쳤다. 사범학교에 입학하면 일본 왕의 뜻과 가르침을 따라 국가 교육에 힘을 다해 은혜에 보답하겠다는 맹세를 했다. 그리고 엄격한 규칙에 따라 학교생활을 했는데, 자리에 앉거나 일어서는 방식까지도 규정으로 정해두고 따르게 했다.

초등 교육 기관이 늘어나면서 교사의 수는 항상 부족했기 때문에 임시, 혹은 단기 교육 과정을 마치고 교사가 되는 경우도 많았다. 교사 자격은 1종, 2종, 3종으로 분류되었는데, 교장이 되기 위해서는 1종 자격이 필요했다. 그런데 1종 자격을 가진 교사의 90%는 일본인이었다. 즉, 대부분의 학교장이 일본인이었다.

사립학교 교사

관립, 공립학교의 교사는 조선 총독부의 관리로서 좋은 대접을 받았는데, 대부분 일본인이었다. 하지만 사립 고등보통학교는 교사의 6~70%가 한국인이었다. 고등보통학교의 교사가 되려면 일본으로 유학을 가서 고등사범학교를 졸업하거나, 우리나라에서 전문학교 이상의 고등 교육을 받아야 했다.

사립학교의 교사 채용 권한은 학교에게 있었지만, 일제는 일본인 교사를 채용하도록 압력을 넣는 등 사립학교의 운영에 사사건건 간섭했다. 또 교사의 사상에 대한 감시를 강화해서 일본의 정책을 잘 따르는 사람만 채용하도록 했다. 그렇다 해도 사립학교의 교사에게는 공립학

교 교사보다 자율성이 있었기에, 미래의 한국 지도자를 양성하는 데
크게 이바지했다.

해방 이후 우리나라 교육

1945년 일본이 미국에 무조건 항복하면서 제2차 세계대전은 막을
내렸다. 38선을 경계로 남한에는 미군, 북한에는 소련군이 들어왔다.
1945년부터 3년간은 미군정*이 남한을 통치했다.

해방 이후, 교육도 큰 변화를 맞이했다. 1948년 대한민국 정부 수립
이후 우리나라는 모든 국민이 차별 없이 균등하게 교육을 받을 수 있
게 되었다. 초등 교육은 의무교육으로 무상으로 제공했다.

하지만 새 제도가 정착되기도 전에 우리나라는 6·25전쟁이라는 민
족의 비극을 겪는다. 6·25 전쟁 이후부터 비로소 교육 과정과 교육 내
용을 변경하고 제대로 된 교육이 시작되었다.

우리나라에서도 교육을 국가의 지배 도구로 사용하려는 시도가 있
었다. 1968년에는 국민교육헌장을 만들어 국민 교육의 목표를 정했
다. 하지만 국민교육헌장은 당시 정권을 잡은 세력이 자신들의 독재
체제를 강화하기 위한 목적으로 교육을 이용한 것이었다. 국민교육헌
장은 1994년에 사실상 폐기되었다.

---

* 군정(軍政) 군대가 임시로 행정을 대신함

입시 제도의 변화

상급 학교로 진학하기 위한 입시 제도는 우리나라의 교육에 큰 영향을 끼쳤다. 1960년대에는 중학교 입학, 고등학교 입학, 대학교 입학 시험이 모두 따로 있었다. 그래서 명문 대학에 진학하기를 원하는 학생은 중학교 입시부터 치열하게 경쟁해야 했다. 학생들은 좋은 중학교에 가야 명문 대학에 갈 수 있다고 생각해서 초등학생 때부터 과외 공부에 시달렸다. 어릴 때부터 극심한 입시 경쟁에 시달리자 1969년부터 중학교 입학시험을 없애고, 추첨을 통해 학교를 배정했다.

학교마다 따로 치르던 고등학교 입학시험은 1974년부터 학교 수준 차이를 줄이기 위한 고교평준화 정책으로 연합고사라는 공통 시험을 치르는 것으로 바뀌었다. 연합고사에 합격한 사람은 살고 있는 동네를 기준으로 어느 고등학교에 갈지를 추첨으로 정했다. 고등학교 입학을 위한 연합고사는 2017년에 없어졌고 지금은 학교에 따라 다양한 방법으로 학생을 뽑는다.

대학 입시도 여러 번 바뀌었는데, 대학마다 자체적으로 시험을 치르다가 학력고사, 수학능력 평가 시험이 생기면서 지금까지 이어졌다. 특히 대학 입학시험은 성적

1967년 전기중학교 입시 ⓒ국가기록원

과 시험 위주의 교육, 학원, 과외 등 사교육의 증가와 같은 부정적인 영향을 많이 미쳤다.

1980년대에 들어와서는 영재교육에 관한 관심이 증가했다. 1983년부터 과학 고등학교를 만들어 본격적인 영재교육을 시작했고 외국어 고등학교, 자율형 사립고 등 특수 목적 고등학교가 많이 생겼지만 원래 목적보다는 대학 입시를 잘 치르기 위한 수단으로 변질되었다. 2025년까지 자율형 사립고, 외국어 고등학교, 국제 고등학교가 일반 고등학교로 바뀔 예정이다.

교사의 양성

일제 강점기 우리나라에는 중등 이상의 교사를 양성하는 고등사범학교가 없었다. 해방 당시 남한에는 10개의 사범학교가 있었는데, 이 중 경성사범학교, 경성여자사범학교, 대구사범학교를 대학 수준으로 높여 중등 교사를 양성하기 시작했다. 또 전국적으로 사범학교를 새로 만들어 초등 교사를 교육했다.

1946년에는 경성사범학교와 경성여자사범학교를 합쳐서 서울대학교 사범대학을 만들어 본격적으로 대학에서 교사를 양성하기 시작했다. 1980년대에 와서 사범학교는 4년제 교육대학으로 바뀌었다.

우리나라의 교사 교육은 지금까지 국가 주도로 이어져 왔다. 국가에서 정한 학교를 졸업하지 않으면 교사가 될 수 없었고, 1990년까지는 국공립 사범대학 졸업자들에게는 사립 사범대학 졸업자보다 먼저 교사가 되는 혜택을 주기도 했다. 지금은 부록에서 볼 수 있는 것처럼 제도를 정립하여 체계적으로 교사를 양성하고 있다.

4장

오늘날과 미래의 교사

지금까지 살펴본 것처럼, 교사라는 직업은 역사적으로 오랜 뿌리를 가지고 있다. 중세에는 교회가, 근대에는 국가가 교육에 관여했다. 특히 동양의 교사는 수천 년 전부터 왕을 대신하는 관리로 국가의 직접적인 통제를 받았다. 20세기에 접어들면서 교육 현장에서 국가와 종교의 영향력이 줄어들고, 비로소 교사의 자율적인 역량이 발휘되기 시작했다. 시대가 변화할수록 교사의 전문성은 점점 커졌다. 중세에는 읽기, 쓰기, 셈하기만 할 줄 알면 초등 교사가 될 수 있었다. 하지만 이제는 대부분 대학 교육 이상을 받고, 자기가 가르치는 과목의 지식뿐 아니라 가르치는 방법, 학생의 심리도 잘 알아야 교사가 될 수 있다.

사람들은 여전히 교사는 다른 직업에 비해 높은 도덕성과 책임감을 가지고, 학생의 모범이 되어야 하는 직업이라고 생각한다. 교육의 큰 부분을 차지하던 가정의 역할까지 일부 학교로 넘어가면서 교사의 책임이 더욱 커졌다. 이제 교사는 지도자와 보호자의 역할까지 해야 하는 막중한 책임을 지고 있다.

어떤 사람이
선생님이 될까?

사람은 저마다 다르게 태어난다. 키, 몸무게와 같은 신체적 특질뿐 아니라, 좋아하는 것과 능력을 발휘할 수 있는 분야도 다르다. 그렇기 때문에 자신과 잘 어울리는 직업을 가진 사람은 하는 일에 더 큰 흥미를 느끼고 능력을 더 잘 발휘할 수 있다. 그런 사람은 일에 만족하고 오랫동안 그 일을 할 수 있다. 그렇다면 어떤 특성을 가진 사람이 교사가 되면 좋을까?

교직의 특수성

교직도 다른 직업과 마찬가지로 경제적 소득을 얻고, 자신의 발전을 실현하는 수단이다. 교사는 주로 자라나는 학생을 대상으로 해서, 그 학생이 올바르게 발전하는 것을 돕는다. 그리고 그 결과는 한 인간의 삶을 완전히 바꿀 만큼 큰 영향을 끼칠 수 있다. 더 나아가 개인의 성장은 국가와 사회 발전의 원동력이기 때문에 교직은 공공의 목표와 이익에 이바지한다.

이런 특성 때문에 교직은 인격 형성을 돕는 봉사활동으로, 특별한 책임이 따르는 직업이라고 생각되기도 한다. 이러한 관점에서 보았을 때 올바른 교사라면 사회적인 지위나 물질적 보상에는 관심을 두지 않고, 사랑과 헌신으로 희생하고 봉사해야 한다. 또한, 학생의 모범이 되어야 하므로 항상 엄격한 윤리적 기준을 지키고, 자신을 단련해야 한다. 이것이 과거 사람들이 생각하는 일반적인 교사의 모습이다. 하지만 이와 같은 점을 강조하면 교사의 전문적인 교육 능력을 등한시하고, 일방적인 인내와 희생을 요구해서 사람들이 교사가 되는 것을 꺼리게 되는 부작용도 있다.

교직은 정신적 노동을 주로 하는 직업이며 다른 직업과 본질적으로 차이가 없다는 관점도 있다. 이 입장에서 교사는 교직을 생활수단으로 삼고 있는 노동자다. 이러한 생각을 가진 사람들은 교육과 교직을 현실적으로 바라보고 교사의 사회 · 경제적 지위를 높이고, 좋은 근로 조건과 복지 조건을 만들고, 외부의 간섭을 받지 않는 것을 중요하게 생각한다.

현재 가장 널리 받아들여지는 관점은 교직이 전문직이라는 입장이다. 앞서 살펴본 두 가지 관점이 합쳐진 것으로, 교직이 지적, 정신적

활동을 주로 하면서, 동시에 사랑과 봉사를 필요로 하는 직업이라고 보는 것이다. 이와 같은 입장에서는 교사의 윤리적 기준과 인격 형성을 강조하면서도 교사의 권리를 보장하고 사회·경제적 지위를 높이는 것을 중요시한다. 또한, 전문성을 확보하기 위해 엄격한 자격 조건을 필수적으로 요구한다.

훌륭한 교사의 특징

지금까지 만난 선생님 중에 특히 좋아하거나 존경하는 선생님이 있다면, 분명히 이유가 있을 것이다. 아마도 그 선생님에게서 발견할 수 있는 모습이 훌륭한 교사의 특징일 것이다. 훌륭한 교사의 다양한 특징 중 공통적인 것을 추려 보면 다음과 같다.

훌륭한 교사는 부지런하고 성실하다. 책임감이 강하고 자신감이 있다. 단순히 지식을 전달하는 것뿐만 아니라 가르치는 뚜렷한 목표와 신념이 있다. 학생을 중심으로 생각하고, 학생들을 배려하고 존중하며 신뢰하고 학생의 발전 가능성을 믿는다. 교사라는 직업에 만족하고, 긍지와 자부심이 높다. 동료 교사와 좋은 관계를 맺고, 학생들의 보호자와도 잘 지낸다는 특징도 있다.

교직에 어울리는 적성

교직이 적성에 맞는 사람은 교사의 역할을 성공적으로 수행할 잠재적인 능력을 갖추고 있기 때문에 교사가 되면 자신과 학생 모두 만족 스러운 결과를 얻을 가능성이 크다.

교사는 지식을 전달할뿐 아니라 인간을 바르게 교육하여 국가와 사회에 기여하도록 만든다. 그래서 교사가 되기 위해서는 지적인 자질 뿐 아니라 성품이나 태도와 같은 인성적인 자질도 매우 중요하다. 여러 특성 중에서 중요한 몇 가지는 다음과 같다.

교사는 담당 과목을 연구하여 그 내용을 학생에게 가르친다. 이를 위해서는 사물과 사람을 세심히 살피는 관찰력, 호기심을 가지고 정보를 찾아 문제를 푸는 탐구력과 문제 해결 능력이 필요하다. 또 가르치는 내용을 쉽게 설명할 수 있는 언어 표현력, 가르치는 대상과 내용에 따라 효율적으로 가르치기 위한 판단력과 응용력이 있어야 한다.

학생의 인성발달과 올바른 생활지도를 위해 교사에게는 신뢰감, 지도력, 포용력이 있어야 한다. 또한 인간의 본성을 신뢰하고 존중하며, 사회의 질서를 준수하는 도덕성과 교직에 대한 사명감, 성실성, 열정도 필요하다.

교사가 학생을 만나는 상황은 매우 다양하다. 교실에서 단체로 만나기도 하고, 개별적으로 지도하기도 한다. 때로는 칭찬할 때도 있고, 야단칠 때도 있다. 그래서 교사는 다양한 학생과 환경에 따라 가르치는 방법도 달리 해야 한다. 이를 위해 새로운 상황에 대처하기 위한 창의성과 융통성도 꼭 필요하다.

우리나라에서는 교사가 되려면 '교직 적성 및 인성 검사'에서 합격점 이상을 받아야 한다. 참고로 이 검사에서 살펴보는 교직에 필요한 자질은 아래와 같다.

▲문제해결력 ▲탐구력 ▲판단력 ▲독립성 · 자주성 ▲창의 · 응용력 ▲심리적 안정성 ▲언어 · 의사소통력 · 지도력 · 공감 · 포용력 ▲지식 · 정보력 ▲봉사 · 희생 · 협동성 · 계획성 · 성실 · 책임감 · 소명감 · 교직관 ▲열정

교육의 변화

교육 과목의 융합

사회가 변화함에 따라 사회에서 필요로 하는 능력도 달라진다. 그에 맞춰 교육도 변화하고 있다. 지금까지 전 세계적으로 초·중등 교육은 읽기, 쓰기, 셈하기를 기초로 하는 국어, 수학, 사회, 과학 과목이 중심이었다. 10여 년 전부터는 선진국을 중심으로 과학과 수학 교육을 강조하기 시작했다.

특히 미국은 과학, 기술 인력의 보강을 위해 초·중등학교 학생의 과학과 수학 실력을 높이는 데 힘을 쏟고 있다. 이를 위해 과학, 기술, 공학, 수학 과목의 교과 내용을 통합해서 가르치고 있는데, 학생들이 과학과 수학의 기본 개념과 원리를 활용해서 실제로 무언가를 만들어 생활에 이용할 수 있도록 한다. 앞으로는 예술적 감성, 인문학에 기반을 둔 창조적 능력을 기술과 공학에 함께 연결하려 노력할 것이다.

지식 전달 교육을 넘어서

지금까지의 교육은 교사가 가르친 내용을 학생이 열심히 배우는 것이었고, 배운 교육 내용을 얼마나 잘 알고 있느냐가 학생을 평가하는 기준이었다. 교사의 가장 중요한 업무는 자신이 가르치는 과목의 내용을 학생들에게 잘 전달하는 것이었다.

하지만 기술 발전과 사회 변화 속도가 매우 빨라지면서 과거에 정답이라고 배웠던 것들이 얼마 지나지 않아 틀린 사실로 밝혀지는 경우가 많아졌다. 그래서 교육에서도 정해진 내용을 가르치는 것보다는 자신이 처한 상황에 맞게 문제를 해결할 수 있는 능력을 키워주는 것을 강조하게 되었다. 학생이 주어진 문제를 해결해나가면서 자신이 가진 지식이나 기술, 전략 등을 적극적으로 사용하고, 그 과정에서 자신의 역량을 새로운 형태로 발전시킬 수 있어야 올바른 교육이라는 것이다.

여전히 대부분 교육의 성과는 시험 점수 등으로 학생들이 정해진 내용을 얼마나 잘 배웠는지 판단한다. 하지만 결과보다도 배우는 과정과 문제 해결 경험이 점점 더 중요해지고 있다.

교육 현장의 변화

지금까지 학교라고 하면 교실에 여러 학생이 모여 있고, 교사가 앞에 서서 수업을 하는 모습을 먼저 떠올렸을 것이다. 하지만 인공지능과 네트워크의 발달은 교육의 현장인 교실의 모습을 완전히 바꿔 놓고 있다. 원하는 장소, 원하는 때에 들을 수 있는 수많은 인터넷 강의가 있다. 코로나 19라는 전 세계적인 전염병이 유행하면서 학교도 인터넷으로 온라인 수업을 진행하기 시작했다. 전염병 상황이 나아지더라도 온라인 교육은 계속 발달할 것이다.

지금까지의 학교는 여러 학생을 모아서 공통된 내용을 한꺼번에 가르쳤다. 교사가 학생 개인에게 아무리 신경을 쓴다 해도 개별적으로 가르치기는 어려웠다. 하지만 온라인 수업과 인공지능을 이용하면 학생마다 자기 수준에 맞는 내용을 배울 수 있다.

인공지능은 마치 개인 교사처럼 학생의 현재 수준을 평가해서 배워야 할 내용을 제공하고, 학생이 충분히 이해했다고 판단하면 다음 진도를 나간다. 수업 내용을 이해하지 못해서 공부를 포기하거나, 이미 아는 것을 다시 배워 수업을 지겹게 느끼는 학생은 줄어들 것이다.

앞으로는 같은 교실에 모여 1교시 국어, 2교시 수학과 같이 정해진 시간표대로 수업을 하는 학교의 모습도 점점 사라질 것이다. 다음 표에서 볼 수 있는 것처럼 가르치는 방법 역시 다양해지고 있다.

이름	방법
과제 기반 학습	교사는 강의를 하는 대신 학습 주제와 관련된 문제를 제시하고, 학생이 이를 해결하면서 학습이 이루어짐.
캡스톤 디자인	하나의 작품을 기획하고 설계, 제작하는 전체 과정에 교사와 학생, 전문가가 처음부터 끝까지 함께 참여함.
플립러닝	교사가 미리 배울 내용을 주면, 학생은 집에서 공부한 후, 학교에 모여 함께 토론하면서 과제를 하는 방식으로 학습을 진행.
Mooc	다양한 온라인 공개강좌를 제공해서, 시간과 장소에 구애받지 않고 학습할 수 있게 해줌.

이 외에도 새로운 기술을 바탕으로 다양한 교육 방법이 개발되고 있고, 교육과 기술을 연결한 에듀테크라는 분야가 새롭게 주목받고 있다.

교사, 앞으로의 운명은?

교직은 없어지지 않는다

　미래 연구를 위한 비영리조직 세계미래학회는 가까운 미래에 교사 없는 맞춤형 학습 시대가 열리리라 예측했다. 또 미래학자 토마스 프레이는 20년 이내에 전 세계 대학의 절반이 문을 닫을 것으로 전망하기도 했다.

　하지만 교직은 단순히 지식을 전달하는 직업이 아니다. 좋은 교사는 학생이 겪는 여러 문제를 잘 이해하고, 창의적으로 해결할 수 있다. 그래서 기술과 사회의 발전에 따라 교사의 역할이 달라지기는 해도 인공지능이나 로봇이 교사를 대신할 수는 없다.

교사 역할의 변화

기술이 발전하여 인터넷 등을 통해 지식을 얻기는 쉬워졌다. 그래서 교사의 역할 중 학생에게 지식을 전달하는 일의 중요성은 상대적으로 낮아졌다. 교사의 역할 중에서 학생이 왜 공부해야 하는지 깨닫고 스스로 학습하는 방법을 알 수 있도록 지도하는 일의 중요성이 더욱 커지고 있다. 교사는 학생이 학습의 주인공이 되어 능동적으로 학습하도록 도와야 한다. 그 외에도 학생의 건강, 안전, 진로 탐색 등을 지도하는 교사는 학습 코치, 온라인 강사, 일대일 가정교사, 학습관리자, 학부모 상담가, 교육소프트웨어 개발자 등 다양한 역할을 해야 한다.

다양해지는 교직과 교사 자격

빠르게 변화하는 세상에 적응하기 위해서 평생 배워야 하는 사회가 되었다. 이제는 한 사람이 하나의 직업에 오랜 기간 동안 종사하는 것보다 여러 개의 직업을 거치거나 여러 직업을 동시에 가지는 것이 당연해지고 있다. 게다가 직업과 관련이 없어도 즐겁고 행복한 삶을 위해서 자기가 좋아하는 것을 배우려는 사람도 많이 늘어나고 있다.

위와 같은 이유로 다양한 연령대의 사람들에게 순수 학문 외에도 자신이 알고 있는 다양한 지식과 기술을 가르치는 교사가 많아질 것이다. 이 교사들에게는 다른 것보다 해당 분야에 전문성이 있는지, 강의를 잘하는지가 중요하다. 사람들은 자신이 배우고 싶은 분야의 전

문가 중에서 자신을 잘 가르쳐 줄 수 있을 것 같은 교사를 선택할 것
이다.

새로운 세대가 탄생하는 한, 없어지지 않을 직업

교사는 인류가 문자를 발명하기 이전부터 존재했던 가장 오래된 직
업 중 하나이다. 인류 역사의 격동을 거쳐 오면서 세부적인 역할은 조
금씩 달라졌지만, 학문과 기술의 진보, 사회의 발전과 문화 융성의 기
반인 지식과 기술을 다음 세대에 전달했다. 때로는 종교에 의해, 때로
는 국가 권력에 의해 가르치는 내용과 방법에 제한을 받기도 했고, 산
업의 발전에 따라 이전까지 없었던 내용을 새롭게 가르치게 되기도
했다. 앞으로도 사회의 변화와 기술의 발달로 인해 교사가 가르치는
내용과 방법은 달라지겠지만, 인류가 쌓아놓은 유산을 다음 세대에
전달하는 교사 본연의 임무는 계속될 것이다.

어떻게 교사가 될 수 있나요?

교사의 권리와 의무

우리나라 교사는 일반적으로 국가에서 임명하기 때문에 법으로 교사의 권리를 보장한다. 국가는 국공립학교 교사와 사립학교 교사의 신분을 법으로 보장한다. 법으로 정한 이유가 아니라면 교사가 원하지 않는데 일을 그만두게 하거나 방해할 수 없다. 교사는 권리를 확보하고, 업무를 효과적으로 수행하기 위해 노동조합과 같은 단체를 만들 수 있다. 또한 현행범이 아니라면 사법 기관이 학교장의 동의 없이 학교에서 교사를 잡아갈 수 없다.

교사는 교육할 권리를 가진다. 교육 과정을 결정하고, 교과서를 만드는 데 참여할 수 있고, 여러 종류의 교과서 중에서 적절한 것을 골라서 사용할 수 있다. 학생이 인격을 수양하고 개성을 발휘할 수 있도록 정해진 범위에서 무엇을 어떻게 가르칠지 정하고, 가르친 결과를 어떻게 평가할지도 결정한다. 또한, 교육상 필요하다고 인정되는 경우 학생에게 벌을 줄 수도 있다.

교사는 법에서 정한 대로 보수를 받고, 주어진 업무 이외의 일을 할 때는 따로 보상을 받는다. 각종 복지 혜택이 있으며, 퇴직 후에도 연금으로 경제적인 지원을 받을 수 있다. 이처럼 교직은 안정적이라는 장점이 있다.

권리를 누리기 위해서는 의무도 지켜야 한다. 교사는 학생의 모범이 되도록 자신을 단련하고, 공부해서 교육에 힘써야 한다. 교사는 공직자로서 성실히 일해야 하고, 체면이나 신용, 위신을 해치면 안 된다. 국민 전체를 대상으로 친절하고 공정하게 봉사해야 하고, 교사로 일하면서 알게 된 비밀은 교사를 그만두더라도 지켜야 한다. 특히 학생의 개인 신상과 관련한 비밀은 꼭 지켜야 하는데 만일 이를 어기면 처벌을 받는다. 그리고 정치적으로 중립을 지켜야 하기 때문에 정당에 가입하거나 선거운동을 할 수 없다. 또한 노동조합을 만들 수는 있지만 태업*이나 파업**같은 단체 행동은 하지 못한다. 또 돈을 벌기 위한 겸업***을 할 수 없다.

*　　　일을 게을리 하는 것
**　　일하지 않는 것
***　다른 직업을 가지는 것

교사의 보수와 직업 만족도

모든 직업에 필수적인 것은 경제적 보상이다. 경제적으로 적절한 수준의 보상이 없으면 직업에 대한 열정과 생활을 유지하기 힘들다. 국공립학교 교사의 기본 월급은 공무원 보수 규정에 의해 정해지고, 매년 정부에서 공개한다. 그러나 개인의 경력과 업무 등에 따라 실제로 받는 액수는 조금씩 다르다. 교사의 절반 정도인 47.8%는 자신의 직업에 만족한다고 답하였고 불만족스럽다고 답한 비율은 13.2%였다.

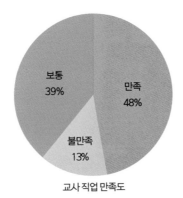

교사 직업 만족도

학교와 교사의 종류

교사는 일하는 학교의 종류에 따라 구분된다. 우리나라는 초등학교-중학교-고등학교-대학교 순서로 이어진다. 초등학교 입학 전에 다니는 유치원도 중요한 교육 기관으로 본다. 이에 따라 교사도 유치원 교사, 초등학교 교사, 중학교 교사, 고등학교 교사, 대학교수로 나

넌다.

  교육 과정은 유아교육 – 초등 교육 – 중등 교육 – 고등 교육으로 나누기도 한다. 고등학교는 학교 앞에 '고등'이 붙어 있지만 중등 교육 기관이고, 대학이 고등 교육 기관이다.

  신체나 지능에 장애가 있는 사람이 교육을 받을 수 있는 특수학교에서 가르치는 특수교사도 있다. 농업, 공업, 상업, 예체능 등 전문 과목의 실기를 가르치는 실기 교사, 학교 도서관을 담당하는 사서 교사, 학생의 안전과 위생을 책임지는 보건교사, 균형 잡힌 음식을 제공하는 영양 교사, 학생의 고민을 해결해 주는 전문 상담 교사도 있다.

교사? 선생님?

가르치는 것이 일인 직업을 교사(敎師)라고 한다. 일상생활에서 교사를 부를 때는 선생님이라고 한다.

그런데 선생(先生)은 원래 학문이 아주 뛰어나고 모든 사람의 존경을 받는 사람을 부르는 호칭이었다. 그래서 옛날에는 아무나 선생이라고 부르지 못했다. 조선의 유명한 학자 퇴계 이황(1501~1570)도 자신을 선생이라고 부르지 못하게 했다. 지금은 선생이라는 호칭을 가르치는 일을 하는 사람뿐만 아니라 존경을 나타내는 말로 두루 사용하고 있다.

• 우리나라 학생 수는 몇 명일까?

2020년 기준 우리나라에는 약 601만 명의 학생이 있다. 유치원생은 61만 명, 초등학생은 269만 명, 중학생은 132만 명, 고등학생은 134만 명 정도이다. 그 외에도 각종 특수학교, 기술학교, 방송 통신학교 학생이 5만 명쯤 된다.

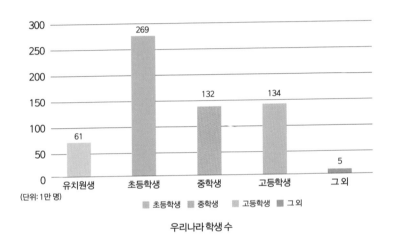

우리나라 학생 수

• 우리나라에는 학교가 몇 개나 있을까?

우리나라에는 2020년 4월 기준 총 20,740개의 학교가 있다. 이 중 유치원은 8,705개, 초등학교는 6,120개, 중학교는 3,223개, 고등학교는 2,367개이고 그 외 특수학교, 기술학교, 방송 통신학교 325개가 있다. 유치원은 2019년 대비 132개가 줄어들었지만, 초등학교, 중학교, 고등학교는 모두 조금씩 늘어났다.

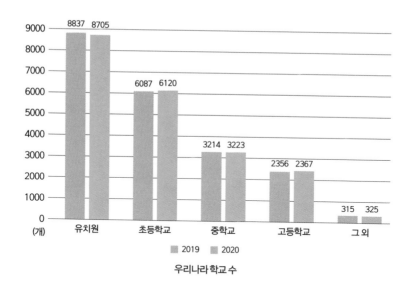

우리나라 학교 수

· 교사는 몇 명일까?

2020년 4월 기준, 우리나라의 교사는 총 498,281명으로 2019년에 비해 1,777명이 늘어났다. 이 중 유치원 53,651명, 초등학교 189,286명, 중학교 111,894명, 고등학교 132,104명이다. 교사의 평균 나이는 약 41세이고 여자 교사와 남자 교사의 비율은 71.8 : 22.2로 여성 교사가 많다. 학급당 학생 수는 유치원 16.7명, 초등학교 21.8명, 중학교 25.2명, 고등학교 23.4명으로, 유치원을 빼면 교사 1인당 20~30명을 가르치고 있는 셈이다.

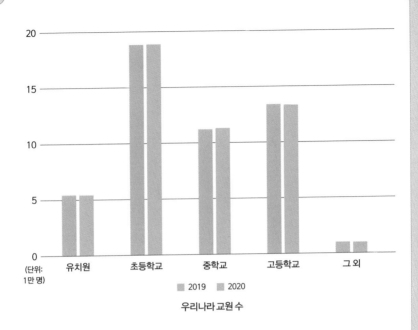

20

15

10

5

0

(단위: 1만 명)

유치원　　초등학교　　중학교　　고등학교　　그 외

■ 2019　■ 2020

우리나라 교원 수

교사 자격

우리나라는 교사의 자격을 국가에서 법률로 정해 두고 있다. 교사가 되기 위해서는 교사 자격을 얻어야 한다. 교사가 되기 위해 다녀야 하는 학교, 받아야 하는 교육, 치러야 하는 시험이 정해져 있다. 어떤 학교의 교사가 될 것인지, 어떤 내용을 지도하는 교사가 될 것인지에 따라 필요한 자격이 다르다.

• 유치원 교사

유치원 정교사 자격을 얻는 방법은 다음과 같다.

1 한국교원대학교 유아교육과 전공

2 사범대학 유아교육 전공

3 일반 대학 유아교육 전공

4 2~3년제 전문대학에서 유아교육 전공

대학에서 유아교육과 관련 없는 공부를 했어도 교육대학원 또는 교육부에서 정한 대학원에서 유치원 교육 과정으로 석사 학위를 받으면

유치원 교사 자격을 얻기 위한 과정

유치원 정교사 자격을 얻을 수 있다.

어린이집이나 놀이방에서 아이들을 돌보는 교사는 '보육 교사'라고 한다. 나라에서는 보육 교사의 일이 교육보다는 복지에 더 가깝다고 보았다. 그래서 보육 교사가 되기 외해서는 건강과 복지를 책임지는 보건복지부에서 정한 자격을 얻어야 한다.

• 초등학교 교사

초등학교 교사 자격을 얻는 방법은 다음과 같다.

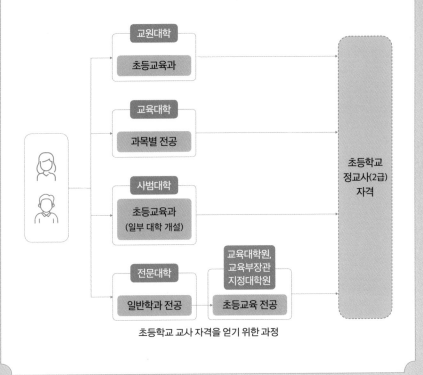

초등학교 교사 자격을 얻기 위한 과정

1 한국교원대학교 초등교육과 전공

2 교육대학교 졸업

3 사범대학 초등교육과 전공

일반 대학 졸업 후 교육대학원이나 교육부에서 정한 대학원에서 초등 교육 관련 석사 과정을 마쳐도 된다. 중등 교사 자격을 가진 사람은 추가로 교육을 받고 초등 교사 자격을 얻을 수도 있다.

교육대학, 사범대학, 교원대학

줄여서 흔히 '교대'라고 부르는 교육대학은 초등학교 교사를 양성하는 곳이다. 국가에서 운영하는 국립대학이고 11개의 학교가 전국 시, 도에 골고루 있다. 이곳을 졸업하면 초등학교 교사 자격을 받을 수 있다.

사범대학은 중등학교 교사를 양성하기 위해 세운 대학으로, 보통 종합대학교에 속해있다. 이화여자대학교 사범대학에는 유일하게 초등교육과가 있어서 이곳을 졸업하면 초등 교사 자격을 얻을 수 있다.

한국교원대학은 우리나라 유일한 국립 종합교원양성대학이다. 보통 '교원대'라고 불리는데, 이곳에는 유치원, 초등 교사, 중등 교사 과정이 모두 있다.

- 중등학교 교사

중등학교에는 중학교와 고등학교가 포함된다. 중등학교 교사
자격을 얻는 방법은 다음과 같다.

1 한국교원대학교 졸업

2 사범대학교 졸업

3 일반 대학에서 교육학과, 교육심리학과, 가정교육과 등과 같은 '교육과' 졸업

4 일반 학과 재학 중 교직 과목 수강

교육대학원 또는 교육부에서 정한 대학원 교육과에서 석사 학위를

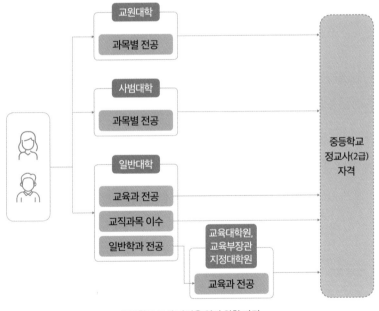

중등학교 교사 자격을 얻기 위한 과정

받은 사람은 중등학교 교사 자격을 얻을 수 있다. 중등학교는 교과목의 전문성이 좀 더 강조되기 때문에 학과는 국어교육, 수학교육, 역사교육 등 과목별로 나뉘어 있다.

· **특수학교 교사**

특수학교 교사 자격을 얻는 방법은 다음과 같다.

1 한국교원대학교 특수교육과 졸업

2 사범대학교 특수교육과 졸업

3 일반 대학에서 특수교육 전공

4 일반 대학에서 특수교육 관련 수강 및 교직 과목 수강

대학에서 특수 교육 관련 수업을 듣고 졸업한 후에 교육대학원이나 교육부에서 정한 대학원에서 특수교육을 전공하면 특수 교사 자격을 얻을 수 있다. 유치원, 초등학교, 중등학교 교사 자격이 있는 사람이 추가로 관련 교육을 받아도 특수교사 자격을 얻을 수 있다. 특수교사 자격도 유아 특수교사, 초등 특수교사, 중등 특수교사로 나뉜다.

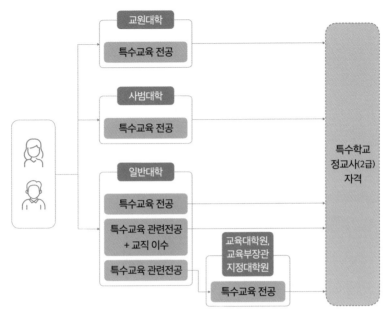

특수학교 교사 자격을 얻기 위한 과정

• 그 외 교사

　사서 교사 자격을 얻기 위해서는 문헌정보학이나 도서관학을 전공해야 한다. 전문상담교사 자격을 얻으려면 상담, 심리 관련 학과를 전공해야 한다. 보건교사 자격을 얻으려면 간호학을 전공해서 간호사 자격증을 받아야 하고, 영양교사 자격은 식품학이나 영양학 관련 학과를 전공해서 영양사 자격증을 받아야 한다. 실기 교사는 관련 전공과 교직 과목을 이수해야 한다. 어떤 교사라도 교사가 되기 위해서는 가르치는 법을 다루는 '교직 과목'을 반드시 배워야 한다.

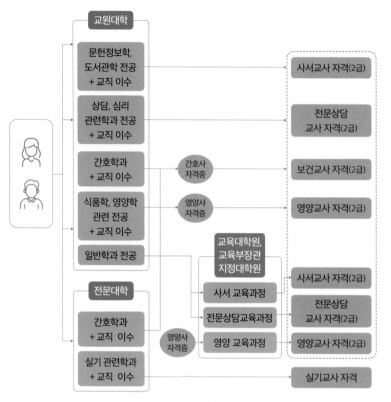

그 외 여러 교사 자격을 얻기 위한 과정

    만약 대학교에서 다른 학과를 전공했더라도 교육대학원 또는 교육부 지정대학원에서 사서 교육 과정, 전문 상담 교육 과정을 전공하고 석사 학위를 받으면 각각 사서교사, 상담교사 자격을 취득할 수 있다. 또한, 영양사 자격을 가진 사람도 교육대학원이나 교육부 지정대학원에서 영양 교육 과정을 졸업하면 교사 자격을 취득한다.

임용시험

교사 자격을 얻었다고 바로 교사가 되는 것은 아니다. 교사 자격을 얻은 사람은 국가에서 시행하는 시험에 통과해야 한다. 이 시험을 '임용시험(교육공무원 임용후보자 선정 경쟁시험)'이라고 한다.

유치원 교사, 초등 교사, 중등 교사, 특수교사, 보건교사, 사서 교사, 전문 상담 교사를 뽑는 임용시험이 따로 있다. 각 시, 도 교육청별로 언제 시험을 보는지, 어떤 과목의 교사를 몇 명 뽑는지를 사전에 공개하고, 정해진 날짜에 시험을 치른다. 임용시험에 합격한 사람은 교육공무원이 된다. 임용시험에 합격한 사람은 국립, 혹은 공립학교의 교사가 되는데, 현재 사는 지역과 원하는 지역을 중심으로 어느 학교에 갈지를 정한다.

사립학교는 학교 형편에 따라 교사를 채용한다. 하지만 1차 필기시험은 반드시 교육청에 맡겨 시행해야 한다. 실기 교사는 따로 정해진 임용시험 없이 학교의 필요에 따라 뽑는다.

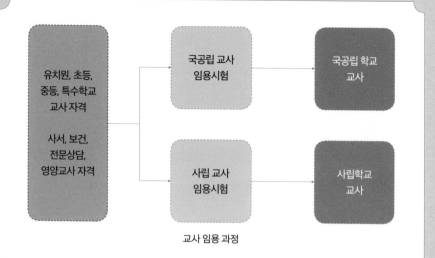

교사 임용 과정

· 교과연계 내용 ·

과목 · 과정	초등학교
5학년 사회	나라의 등장과 발전/ 독창적 문화를 발전시킨 고려/ 민족 문화를 지켜 나간 조선/ 새로운 사회를 향한 움직임/ 일제의 침략과 광복을 위한 노력/ 대한민국 정부의 수립과 6·25전쟁
6학년 실과	일과 직업의 세계/ 자기 이해와 직업 탐색
6학년 사회	민주주의의 발전과 시민 참여/ 세계의 다양한 삶의 모습/ 우리나라와 가까운 나라들

과목 · 과정	중학교
사회1	개인과 사회생활/ 사회 변동과 사회 문제
역사1	문명의 발생과 고대 세계의 형성 / 세계 종교의 확산과 지역 문화의 형성 / 지역 세계의 교류와 변화/ 제국주의 침략과 국민 국가 건설 운동/ 세계 대전과 사회 변동/ 현대 세계의 전개와 과제
역사2	선사 문화와 고대 국가의 형성/ 남북국 시대의 전개/ 고려의 성립과 변천/ 조선의 성립과 발전/ 조선 사회의 변동/ 근·현대 사회의 전개
진로와 직업	일과 직업 세계 이해/ 진로 탐색/ 진로 디자인과 준비

과목 · 과정	고등학교
세계사	인류의 출현과 문명의 발생/ 동아시아 지역의 역사/ 서아시아·인도지역의 역사/ 유럽 아메리카 지역의 역사/ 제국주의와 두 차례 세계 대전/ 현대 세계의 변화
동아시아사	동아시아 역사의 시작/ 동아시아 세계의 성립과 변화/ 동아시아의 사회 변동과 문화 교류/ 동아시아의 근대화 운동과 반제국주의 민족 운동/ 오늘날의 동아시아
생활과 윤리	직업과 청렴의 윤리
한국사	전근대 한국사의 이해/ 근대 국민 국가 수립 운동/ 일제 식민지 지배와 민족 운동의 전개/ 대한민국의 발전

미래를 여는 경이로운 직업의 역사

지식을 다루는 직업 Ⅰ | 교사

초판 1쇄 발행 2021년 10월 1일
2쇄 발행 2022년 7월 28일

지은이	박민규
펴낸이	박유상
펴낸곳	빈빈책방(주)
편집	배혜진 · 정민주
디자인	기민주
일러스트	김영혜

등록	제2021-000186호
주소	경기도 고양시 덕양구 중앙로 439 서정프라자 401호
전화	031-8073-9773
팩스	031-8073-9774
이메일	binbinbooks@daum.net
페이스북	/binbinbooks
네이버 블로그	/binbinbooks
인스타그램	@binbinbooks

ISBN 979-11-90105-29-3 44190